영어의 달인이 되는 영작문

저자 | 이보경
초판 1쇄 인쇄 | 2009년 5월 15일
초판 1쇄 발행 | 2009년 5월 25일

발행인 | 박효상
영업 | 이종선·이태호
기획, 진행 | 김상호
디자인 | Style 統攝
출판등록 | 제 10-1835호
발행처 | 사람in
주소 | 121-839 서울시 마포구 서교동 378-16 4F
전화 | 02.338.3555(代) 팩스 | 02.338.3545
E-mail | saramin@netsgo.com
Homepage | www.saramin.com

:: 책값은 표지 뒷면에 있습니다.
:: 파본은 교환해 드립니다.

ⓒ이보경 2009
ISBN 978-89-6049-114-4 13740

영어의 달인이 되는
영작문

본보샘 이보경 지음

사람in

머리말

7문 7답으로 보는 머리말

🙂 누구세요? 혹시… '영어의 달인이 되는 영문법'을 쓰신…
네… 보보샘 이보경입니다. 반갑습니다.

🙂 아, 맞군요. 영문법 교재 이후 오랜만이시네요. 그간 어떻게 지내셨는지요.
'영어의 달인이 되는 영문법'이 2007년 7월에 나왔으니, 책을 통해 여러분과 만난 지도 벌써 2년이 다 되어가는군요. 덕분에 학습자 분들과 좋은 인연을 맺을 수 있었고, 저 개인적으로도 많은 발전과 성장을 할 수 있어 행복했습니다. 학생들을 가르치는 일, 영어교재를 개발하는 일, 그리고 대학원생으로서 관심분야를 연구하는 일, 이 모든 임무들이 때로는 버겁게 느껴지기도 하고, 이따금 난관에 부딪혀 좌절의 아픔을 가져다 주기도 하지만, 이렇게 또 한 권의 책을 세상에 내놓게 되는 순간이 있어 지나간 굴욕의 순간들쯤이야 호탕하게 웃어넘길 수 있을 것 같습니다. …

🙂 '영어의 달인이 되는 영작문'이라… 이 책은 어떻게 개발하시게 된 건가요?
사실 이 책은 '영어의 달인이 되는 영문법'을 기획할 때부터 함께 고려가 되었었습니다. 요즘처럼 의사소통이 중요해지는 세상에, 영문법이라는 자체를 일련의 언어 지식으로만 알고 있어서는 아쉬운 부분이 많을 수 밖에 없지요. 실제로 말을 하고, 글을 쓰는데 영문법 지식을 유감없이 활용하셔야 하는데, 안타깝게도 그렇지 못한 학습자 분들도 많은 것 같습니다. '영어의 달인이 되는 영문법'을 개발할 때에도, 실제로 써먹을 수 있는 영문법이 되야 한다는 고민을 안고 출발을 했었고, 그 고민은 이번 교재 '영어의 달인이 되는 영작문'에서도 마찬가지로 숙제처럼 따라다녔습니다. 영작문이라고 해서 반드시 뭔가를 종이에 쓴다는 개념보다는 일상 생활 속의 어떤 상황에서든 '내가 하고 싶은 말, 내가 쓰고 싶은 글을 표출할 수 있는 능력, 그것이 꼭 문법적으로나 어휘적으로 완벽하지 않다 하더라도 내 의사를 영어라는 도구에 실어 보낼 수 있는 능력'의 관점이 되어야 할 것 같습니다. 그런 의미에서 이번 영작문 교재가 학습자 분들께 좀 더 친숙하고, 덜 부담스러운 영작문 교재가 되었으면 하는 바람입니다.

🙂 '영작문'을 잘하기 위해선 어떤 준비가 우선되어야 할까요?
일단 강박관념을 버려야 할 것 같습니다. 반드시 완벽한 표현과 빈틈없는 문장으로 교과서적인 영작을 하겠다는 생각을 가지고 접근을 하면 금새 지치고 하기 싫어집니다. 물론 개별적인 문장을 영역하는 수준의 영작도 있겠지만, 보통 영작문이라고 할 때는 하나의 문장을 쓰고 끝나는 것이 아니라, 앞 문장은 다음 문장과 연결되고, 하나의 문단은 또 이후에 나오는 문단과 유기성을 띠어 결국 글 전체로 보면 하나의 큰 아이디어를 이루어야 하는 것이니만큼 너무 디테일한 어휘나 표현에 집착하기보다는, 글의 전개나 흐름에 더 신경을 쓰셔서 영작을 하시는 훈련이 필요해 보입니다.

보보샘에게 영작은 어떤 존재인가요?

영작을 하는 일은 영어를 가르치고 있는 제게도 쉬운 일은 절대 아닙니다. 우리말 글짓기를 생각해 보시면 '글짓기=창작의 고통'이라는 등식을 떠올리실 수 있을 겁니다. 하물며 모국어를 가지고도 무언가를 쓴다는 것이 고통스러운 일일진대, 다른 언어로 글을 쓴다는 것이 그리 호락호락하진 않겠지요. 그러니 거꾸로 생각해도 마찬가지입니다. 우리가 영어로 글을 쓰는 것이 힘들고 괴로운 만큼, 영어 원어민들에게도 영작문은 부담스러운 영역입니다. 따라서 내가 영작한 글이 원어민의 글보다 당연히 못할 것이라는 생각도 사실 편견입니다. 어휘나 표현 방식이 좀 덜 세련되고 어색할 수는 있으나 전개 방식이나 논리, 구성은 나의 글이 더 나을 수도 있는 것이니까요. 얼마든지 … 이런 말씀을 드리는 이유는, 우선 '자신감과 자존감을 바탕으로 영작을 하기 시작한다'는 대명제를 확인하기 위해서입니다.

보보샘은 어떤 과정을 통해 영작을 하시나요?

자신감을 밑바탕에 둔 상태에서, 내가 쓰고자 하는 아이디어를 생각해 봅니다. 마인드맵(mindmap)을 그리듯이 종이의 중앙에 글감을 적어놓고, 꼬리에 꼬리를 무는 생각들을 자유롭게 적어봅니다. 계속해서 map을 그리다 보면, 글의 전개방식이라든가 전체적인 그림이 대략 그려집니다. 간단한 영작문일 경우는 이런 절차도 물론 생략을 하게 됩니다만… 다음은 마인드맵에 정리한 생각들을 바탕으로 서론, 본론, 결론에 어떤 얘기를 할 지 배치합니다. 글의 종류에 따라 더 구체적이고 더 위계적으로 챕터를 구성할 수도 있겠지요. 대체적으로 여기까지 만족스럽게 진행이 되어 '영작의 계획표'가 나오게 되면 그 다음은 순조롭게 진행이 됩니다. 사전의 도움을 받아가며 능력껏 써 내려가는 것이지요. 한영사전뿐만 아니라, 영한, 영영 사전의 예문들도 반드시 확인을 해서 내 문장에 적용을 시킵니다. 1차 영작문이 완성이 되면, 다시 글을 처음부터 끝까지 읽으면서 다듬는 작업을 합니다. 하지만 이 때는 눈이 이미 내 글에 상당부분 무뎌진 상태이기 때문에 날카로운 비판을 기대하기 힘듭니다. 상당 시일이 지난 후에 (약 일주일 후) 다시 글을 보려면, 수정할 부분이 많이 걸려들게 되고, 점점 좋아지는 글을 경험하게 됩니다. 시간적 여유가 되는대로, 3, 4차의 교정 과정을 거치거나, 필요할 경우 원어민의 감수를 받게 되면, 최종 영작문이 완성이 됩니다.

마지막으로, 이 책을 펼쳐보실 학습자분들께 한마디……

관심 가져 주셔서 진심으로 감사드립니다. 책을 쓸 때는 항상 교재개발자 입장이 아닌 '학습자로서의 내가 읽고 싶은 책'에 더 가까워지려고 노력합니다. 그만큼 아직 저도 학습자로서 부족한 것이 많고 배울 것이 넘쳐난다는 뜻일 겁니다. 이 책을 통해 영작의 달인의 반열에 조금 더 가까이 다가가실 수 있기를 희망해봅니다. 일상 생활 속에서 꾸준히, 열심히, 그리고 즐겁게 일하면서 경지에 오르신 여러 '생활의 달인'들이 보여주는 여유로운 미소를, 여러분들의 얼굴에서도 꼭 찾아볼 수 있기를 기대하겠습니다.

2009년 5월, 미소 속에 비친 달인의 모습을 상상하며

이보경 드림

목차

목차만 잘 봐도
영작문 달인의 길이 보인다.

Chapter 01
Brain 영어로 어떻게 문장을 만들 수 있는지 알아볼까요?

01 둘이서 다 해먹어버리네! – 주어와 동사로 문장쓰기	014
02 '주동목' 삼총사! – 주어, 동사, 목적어로 문장쓰기	020
03 보어, 원츄! – 주어, 동사, 보어로 문장쓰기	026
04 목적어 하나는 너무 서운해! – 주어, 동사, 간목, 직목으로 문장쓰기	032
05 '주동목' 삼총사의 멤버 보강! – 주어, 동사, 목적어, 목적보어로 문장쓰기	038
06 누구시더라? 어디였더라? – 의문문쓰기	046
07 모두 '예' 라고 할 때 '아니요' 라고 말하기 – 부정문쓰기	052
08 '세수하고, 옷을 입고, 학교에 갑니다.~' – 중문쓰기 (Compound Sentence)	060
09 문장이 문장을 품은 형세 – 복문쓰기 (Complex Sentence)	066
10 이게 정말 한 문장? – 종속절이 있는 중문쓰기 (Compound-complex Sentence)	072
11 '우리말' 껍질깨기 – 영어스러움을 위하여	080

Chapter 02
Frame Pattern도 결국 구조(structure)랍니다. 외우지 말고 만들어 볼까요?

01 There is something about Mary.	088
02 Feel so good.	092
03 I want to know…	096
04 Keep smiling, Keep shining!	100
05 (It is) Hard to say I am sorry.	104
06 It is said that love is blind.	110
07 I want you to want me.	114

08 Let my people go. ... 118
09 How to know if someone likes you! ... 122
10 I've been lonly for so long. ... 126
11 We are happy to serve you! ... 132
12 I am glad (that) there is you. ... 136
13 I wish I had a wife. ... 140
14 I should have known better. ... 144
15 It only takes a minute to change your life. ... 148
16 How deep is your love? ... 154
17 I get so jealous that I can't even work. ... 158
18 As long as you love me... ... 162
19 Every time I close my eyes... ... 166
20 Life is not always fair. ... 170
21 It must have been love! ... 176
22 I'd rather... ... 180
23 I don't know how to love him. ... 184
24 Too young to die? ... 188
25 Nothing is worth more than this day. ... 192
26 A change would do you good. ... 198
27 I have a dream! ... 202
28 Take it easy! ... 206
29 Let's get together now! ... 210
30 Make a wish! ... 214

Chapter 03
Protein
자, 이제 일상생활에서 여러분의 생각을 영어로 한 번 써볼까요?

01 Personal Journal (일기 쓰기) ... 222
02 Review (평, 후기 쓰기) ... 232
03 Memo (메모 쓰기) ... 242
04 Email (이메일/편지 쓰기) ... 250
05 Card (카드 쓰기) ... 262
06 Other General Writings (기타 작문) ... 278

구성

이 책의 구성은…

이 책 구성의 키워드는 '인체공학적 설계'를 시도했다는 것입니다. 영작을 잘하도록 필요한 구성요소인 문장구조 세우기, 패턴 활용하기, 그리고 생활 속 영작문에서 실천해보기 등을 통해, 영작의 기술이 유기적으로 연결되도록 구성하였다. 각각의 기술들은 머리(Brain)가 되는 영작, 골격(Frame)이 되는 영작, 영양(Protein)이 되는 영작으로 나뉘어 소개되고 있다. 또한 부록 편에서는 30개의 패턴에 나온 예문과 함께 생생한 (authentic) 실제 사용 예를 추가적으로 제공하고 있다.

Brain 머리가 되는 영작 편

머리(Brain)가 되는 영작 편에서는 문장구조를 다루고 있다. 영어 문장이 어떠한 원리와 순서로 조직이 되는지, 우리말 구조가 영어의 구조로 부드럽게 넘어가기 위해서 어떤 과정이 필요한지에 관한 내용을 담고 있다. 총 열 한 개의 Brain에서 감잡기, 감키우기, 감살리기라는 세 단계를 통해 친절하게 설명하고 있다.

세 개의 감感을 주목하라!

- ✓ **감잡기**에서는… 영작을 해야 할 우리말에서부터 출발을 한다. 자연스러운 우리말을 '영어식 우리말'로 바꾸는 순간 영작은 한결 쉬워진다.
- ✓ **감키우기**에서는… 영작을 해야 할 우리말 문장을 보고, 바로 영어의 문장 구조가 떠오를 수 있도록 연습한다. 영어식 사고를 통해 효과적인 영작 과정을 거쳐 바람직한 영어 문장이 나올 수 있도록 훈련하는 과정이다.
- ✓ **감살리기**에서는… 감잡기와 감키우기에서 연습한 기술을 바탕으로, 다양한 영작을 해보는 단계이다.

Frame 골격이 되는 영작 편

골격(Frame)이 되는 영작 편에서는 여러 유용한 패턴(Pattern)을 다루고 있다. Brain에서 학습한 기본적인 문장구조를 바탕으로 그 위에 다양한 패턴을 입혀 다채로운 영작 표현이 가능할 수 있도록, 25개의 영작 패턴과 5개의 기본동사 활용을 총 30개의 Frame으로 구성하였다. 각 Frame은 칼슘먹기, 통뼈만들기의 두 단계를 거쳐 소개되고 있다.

골격을 바로 잡아주는 몸짱 프로젝트!

✓ **칼슘먹기**에서는… 각각의 패턴을 친숙한 팝송이나 영화, 유명한 글귀나 광고문구, 기타 생활 속 영어 문장을 활용하여 소개하고, 각 패턴이 갖고 있는 중요한 학습 포인트를 Pattern Note로 제공하고 있다. 패턴이 적용된 다양한 문장들을 소개함과 동시에 부분 영작을 해볼 수 있도록 예문들을 준비하였다.

✓ **통뼈만들기**에서는… 소개된 패턴을 활용하여 실질적인 영작을 해봄으로써 패턴을 확실히 내재화시킬 수 있도록 영작 예문을 준비하였다.

Protein 영양이 되는 영작 편

영양(Protein)이 되는 영작 편에서는, 생활 속 생생한 영작의 세계를 다루었다. 일기쓰기를 비롯하여, 편지, 후기·평 남기기, 일반 작문 등 다양한 영작의 소스들을 제공하려 노력하였다. 즉, 머리와 골격이 되는 영작 편에서 학습한 여러 영작의 기술들을 생활 속 영작문에 바로 적용시켜 영작의 달인으로 가는 발판을 제공하고자 하였다. 모두 여섯 챕터의 영양을 섭취하기, 소화하기의 두 단계로 공급하고 있다.

영양만점 체험하기!

✓ **섭취하기**에서는… 실제 원어민들의 생활 작문을 엿볼 수 있는 다양한 자료들을 준비하였다. 많이 읽고 경험하는 것이 결국 영작의 달인의 밑거름이 되므로, 실제적인(authentic) 자료를 많이 소개하려 노력하였다.

✓ **소화하기**에서는… 생활 작문의 자료를 추가적으로 소개하면서, 글의 일부를 영작해보거나 제목을 지어보는 등, 부담스럽지 않은 선에서 활동을 제시하였다.

학습방법

이책의 특징과 그에 따른 학습 방법은…

특징 1 : 머리, 골격, 영양으로 특화된 영작의 기술

이 책은 영작을 위한 문장구조 설명, 유용한 패턴 소개, 생활작문 소개 등의 세 부분 (Brain, Frame, Protein)으로 구성되어 있습니다. 따라서 영작을 처음 공부하신다거나, 책을 충분히 다 활용하고자 하시는 분들이라면, 머리가 되는 영작 편부터 차근차근 학습하시면 됩니다만, 개인의 취향이나 수준에 따라 반드시 순서를 지켜 학습할 필요는 없으며, 본인이 부족한 부분만 골라 볼 수도 있겠습니다.

특징 2 : Authentic Materials를 활용하여 흥미유발

또 한 권의 '어렵고 재미없는 영작문 책'으로 외면당하지 않기 위해서, 본문에서 다루는 예문이나 문제들은 가급적 실질적인 생활 속 영어자료를 활용하려고 노력하였습니다. 특히 패턴을 소개하고 있는 골격 편이나, 생활 작문을 소개하고 있는 영양 편에 나오는 영작 자료들은 학습자에게 친근하게 다가갈 수 있는 팝송이나, 영화, 광고문구, 책이나 잡지 등의 글귀, 실제 원어민들의 일기, 상품평 등, 다양하고 재미있는 소스들을 포함하였으니, 너무 영작이라는 스트레스에 억눌리지 마시고, 본인의 관심과 흥미에 맞춰가면서 읽어주시기 바랍니다.

특징 3 : Brain에 나오는 '영어표현 짚어보기'와 'Word Matchmaker' 활용

문장구조를 익히는 Brain단계에서는, 학습자들이 어휘에 대한 스트레스 없이 문장구조에 집중할 수 있도록, 영작에 필요한 어휘의 상당부분을 제시하고 있습니다. 제시된 어휘와 표현들을 충분히 활용하신다면, 따로 사전을 찾는 수고를 하지 않더라도, 문장의 구조에 집중하시어 영작을 완성하실 수 있습니다.

특징 4 : Frame에 나오는 'Pattern Note' 활용

각 Frame의 제목이 바로 해당 Pattern과 연결되어 있고, 관련된 정리가 Pattern Note로 제공됩니다. 따라서 Pattern Note를 반드시 확인하시고 유용한 표현을 암기하시면, 영작에 많은 도움이 될 것입니다.

특징 5 : 옆에 있는 듯 느껴지는 보보샘의 친절한 '스토리텔링'

이 교재는 영어 못지 않게 우리말 분량이 많습니다. 그 이유인 즉, 자습서로 활용할 때 학습자가 외롭거나 막막하지 않도록 충분한 설명과 예시를 보여주려고 했기 때문입니다. (예, '보보샘 거들기') 따라서, 어떤 선생이 옆에서 어지간히 침을 튀겨가며 설명을 하고 있구나 생각을 하시면서 편한 마음으로 본문을 따라가시면 부담이 적을 듯 합니다.

특징 6 : '달인은 알고 있다'를 통한 심화학습

본문에 비정기적으로 실린 '달인은 알고 있다' 라는 코너는, 말 그대로 달인은 이미 알고 있을 법한 심화된 내용을 담고 있습니다. 알고 있으면, 언젠가는 비장의 무기가 될 내용인 만큼 함께 학습하시어 '달인의 대열'에 동참하시면 됩니다.

특징 7 : 차 한 잔과 어울리는 '보보샘의 소소한 영어이야기'

보보샘의 영어와 관련한 단상들을 담은 글로써, 영어와 관련된 많은 생각을 해볼 수 있는 기회를 제공합니다. 학습을 해나가시는 중간중간에, 긴장도 풀고 휴식도 취할 겸, 차 한 잔과 함께 읽어보시면 좋을 것 같습니다. 스스로 영어 학습을 주도하고 디자인하는 데 도움을 주는 글들이니 만큼, 꼭 읽고 함께 생각하는 기회를 가져보시기 바랍니다. 이번 '영작의 달인이 되는 법'에서는 부족하나마 제가 쓴 영어 Essays도 이곳을 통해 만나보실 수 있습니다.

특징 8 : 부록에 이어지는 생생한 예문잔치 (authentic example sentences)

Frame에 제공된 30개의 패턴에 나오는 예문(must-have sentences)들과 함께, 추가적인 authentic example sentences들이 부록에 실려있습니다. 보보샘이 일일이 인터넷과 신문들을 뒤져가며 신선한 예문들을 찾으려 노력하였답니다. 대부분의 예문이 길고 자세하게 해당 패턴을 보여주므로, 학습에 많은 도움을 주리라 확신합니다.

Chapter 01

영어로 어떻게 문장을
만들 수 있는지 알아볼까요?

Chapter 01

머리가 되는 영작

Brain Writing

머리(Brain)가 되는 영작 편에서는 문장구조를 다루고 있다. 영어 문장이 어떠한 원리와 순서로 조직이 되는지 우리말 구조가 영어의 구조로 부드럽게 넘어가기 위해서 어떤 과정이 필요한 지에 관한 내용을 담고 있다. 총 열 한 개의 Brain에서 감잡기, 감키우기, 감살리기라는 세 단계를 통해 친절하게 설명하고 있다.

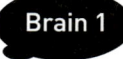 둘이서 다해먹어버리네!
주어와 동사로 문장쓰기

1. 감잡기

주어와 동사는 문장의 필수 조건이자 충분 조건이지요. 그 둘만으로도 얼마든지 멋들어진 문장을 빚어낼 수 있으니까요. 더불어, 영작할 우리말 문장을 딱! 접했을 때, 흡사 빛의 속도로 주어와 동사를 딱! 짚어낼 수 있는 능력! 바로 그것이 진정한 영작 달인의 포스가 아닐런지요.

● 다음의 자연스러운 우리말 문장을 잘 보시고, '영어식 우리말'로 바꾸어 보세요.

'영어식 우리말'이란? 영작이 쉬워지도록 우리말 문장을 간소화하고 재구성하는 것.

우리말과 영어의 문장 구조가 다르기 때문에, 우리말에 해당하는 영어 단어를 그대로 집어 넣을 경우(word to word) 영~ 못마땅한 영작문이 탄생합니다. 이른바 '영어식 사고'가 그래서 필요한 것인데요. 한국 사람의 피가 흐르는 우리들이 영어식 사고를 한다는 것 자체가 무리일 수도 있겠지만, 영작하기에 앞서, 우리말 문장의 구성요소들을 영어식으로 배열해 봄으로써, '영어식 사고'를 경험해볼 수 있겠습니다. 이 과정에서 어휘가 살짝쿵 바뀔 수도 있고, 없던 단어가 생길 수도 있습니다. 물론, 여러분이 영작의 달인이 되는 그 순간, 이런 과정과도 졸업을 하시겠지요…^^;

1. 전 아침에 일찍 일어납니다.
2. 우리 아들은 아침 6시면 운동한다고 일어나요.
3. 내일은 좀 일찍 일어나려구요.

└ '영어식 우리말'로 바꿔보기
1. 나는/ 일어난다/ 일찍/ 아침에/
2. 나의 아들은/ 일어난다/ 운동하기 위해서/ 6시에/ 아침에
3. 나는/일어나려구요/좀 일찍/내일은

🌸 보보샘 거들기

우선 주어와 동사 (굵은 글씨)를 찾아 차례로 앞자리를 내주는 것이 급선무이지요. 2번의 '우리 아들'은 '나의 아들'로 바꾸고, 3번 문장의 경우, 자연스러운 우리말에서는 보통 주어가 빠져있기 때문에, 없어진 주어(나는)를 찾아 넣어 주어야 하구요. 주어와 동사를 제외한 부사구들의 배열은 약간의 융통성을 발휘할 수 있습니다. 시간, 장소 부사구의 배열에서 우리말과의 차이점이라면, 작은 단위에서 큰 단위로 배열한다는 것이지요. '아침 6시'를 '6시 아침(at six in the morning)' 하는 식으로 말이죠.

● 영어표현 짚어보기
주요 어휘와 표현을 영어로 생각해 보는 시간입니다.
- 일어나다 get up (*wake up은 잠에서 눈을 뜬 느낌이라면, get up은 침대를 박차고 일어나는 느낌입니다)
- 아침에 in the morning
- 6시에 at six (시간 앞에 전치사 at)
- (좀) 일찍 (a little) early
- 운동하다 to exercise

└ 영어로 뽑아내기

이제 남은 일은 자신감을 갖고, '영어식 우리말'을 해당 표현으로 바꾸는 겁니다. 이 때 시제나, 수일치 등 문법적인 요소들도 고려를 하셔야겠지요.

1. I get up early in the morning.
2. My son gets up at six in the morning to exercise.
3. I am going to get up a little early tomorrow.

🌱 보보샘 거들기

2. 주어가 3인칭 단수 (My son)이므로, 동사는 주어-동사 수일치를 위해 gets가 되야 하구요. '운동하기 위해서'는 to부정사를 이용 (to exercise) 하면 깔끔하게 처리 완료! '아무리 늦어도 6시에는 일어난다'를 강조하고자 하면, no later than을 써서, My son gets up no later than six in the morning to exercise.

3. '일어나려 한다' 라는 미래시제 혹은 의지를 담아야 하므로, be going to get up

II. 감키우기

● 다음 우리말 문장을 영작해 보려고 합니다. 먼저, 주어와 동사가 될 부분을 찾아 밑줄을 그어 보고, Word Matchmaker를 참고하여 영작을 완성해 보세요.

1. 신문에 흥미로운 기사가 났다.
2. 두 시간 후면, 제임스가 공항에 도착할거야.
3. 영어 선생님 지금 도서관에 계세요!
4. 그 유명한 중국집 우리집 근처에 있어요.

Word Matchmaker

1. 흥미로운 기사 • — • an interesting article
   (신문에) 나다 • — • appear

2. 두시간 후에 •   •   in two hours
   공항에   •   •   at the airport
3. 도서관에   •   •   at the library
4. 나의 집 근처에 •   •   near my house

주어 (S) 동사 (V) 찾아내기

1. 신문에 흥미로운 <u>기사가</u> <u>났다</u>.
                    S   V

2. 두 시간 후면, <u>제임스가</u> 공항에 <u>도착할거야</u>.
                  S   V

3. <u>영어 선생님</u> 지금 도서관에 <u>계세요</u>!
        S   V

4. 그 유명한 중국집 <u>우리집 근처에</u> <u>있어요</u>.
                    S   V

영어로 뽑아내기

1. In the newspaper, an interesting article appeared.
2. James will arrive at the airport in two hours.
3. The English teacher is at the library now.
4. The famous Chinese restaurant is near my house.

보보샘 거들기

1. '신문에' 라는 부사구가 문장 맨 처음으로 나오고 있지요. 다른 잡지나 책이 아닌, '신문에' 난 기사라는 것을 강조하는 느낌입니다. 부사의 특성상 문장 맨 뒤에 두어도 괜찮겠지요?(신문에/ 흥미로운 기사가/ 났다.)

2. 미래 시제이므로 will arrive (제임스가/ 도착할 것이다/ 공항에/ 두 시간 후에)

3. 주어와 be동사가 "장소 부사구와" 결합하면, '주어가 "어디에" 있다' 라는 문장을 만들 수 있습니다. (영어 선생님은/ 있다/ 도서관에/ 지금)

4. 3번 설명과 이하 동문! (그 유명한 중국집은/ 있다/ 나의 집 근처에)

III. 감살리기

● 다음의 짧은 글을 잘 보고, 아래의 '영작의 달인되기'을 완성해보세요.

나는 그의 집안으로 들어갔다. 거실 벽에는 그림들이 걸려있었고, 부엌에는 스토브 위에 스프가 끓고 있었다. 집에는 아무도 없었다. 그리고, 갑자기, 전화벨이 울렸다.

ㄴ. 영작의 달인되기

I ▩went into▩ his house. ▩▩▩▩▩ were hanging ▩▩▩▩▩▩▩ in the living room, and soup ▩▩▩▩▩▩ on the stove in the kitchen. ▩▩▩▩▩▩▩▩ was at home. And then suddenly, ▩▩▩▩▩▩▩▩▩ .

🌿 보보샘 거들기

'영어식 우리말'로 나열해 본다면,

나는/ 들어갔다/ 그의 집 안으로.// 그림들이/ 걸려있었다/ 벽에는/ 커다란 거실에/ 그리고/ 스프가/ 끓고 있었다/스토브 위에/부엌에는.// 아무도/ 없었다/ 집에는// 그리고/ 갑자기/ 전화벨이/ 울렸다.//

· 그의 집 안으로 into his house 방향 전치사 into

· 그림들– some pictures 문맥상 몇 점의 그림들일 테니, some을 붙혀주면 더 좋겠죠.

· 걸려있다 hang (자동사)

동사의 시제는 went, were hanging, was boiling, was 등으로 과거, 과거 진행형이 맞겠습니다. 장소 부사구의 배치는 작은 단위, 큰 단위의 순서이므로, on the wall in the living room, on the stove in the kitchen이 되겠네요.

'전화벨이 울린다'는 '벨(bell)'에 연연해하지 말고, 그냥 'the telephone rings(rang)' 하면 됩니다.

보보샘은 이렇게 영작했어요!

I **went into** his house. **Some pictures** were hanging **on the wall** in the living room, and soup **was boiling** on the stove in the kitchen. **Nobody** was at home. And then, suddenly, **the telephone rang**.

 ## Brain 2 '주동목' 삼총사!
주어, 동사, 목적어로 문장쓰기

1. 감잡기

주어와 동사의 기본 바탕에 목적어가 합세하게 되면, 안정된 문장구조가 만들어집니다. 삼총사라는 이름을 부여한 것도, 이 세 요소들이 워낙 찰떡궁합으로 잘 뭉쳐지고 또 우리가 알게 모르게 많이 쓰는 문장구조이기 때문이지요.

● 다음의 자연스러운 우리말 문장을 잘 보시고, '영어식 우리말'로 바꾸어 보세요.

1. 나 점심으로 햄버거 먹었어.
2. 제임스는 햄버거 하나를 더 먹고 싶었다.
3. 어제는 시간 아끼려고 사무실에서 햄버거 먹었어.

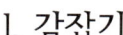 '영어식 우리말'로 바꿔보기

1. 나는/먹었다/햄버거를/점심으로
2. 제임스는/먹고 싶었다/햄버거 하나 더
3. 어제는/나는/먹었다/햄버거를/내 사무실에서/시간을 아끼기 위해

보보샘 거들기

주어와 동사로 문장을 시작했다면, 그 다음 자리는 바로 목적어의 차지입니다. 2번의 경우 '먹고 싶었다'는 엄밀히 말하면 '먹다'와 '원하다(~하고 싶다)'의 두 동사를 연결해야 하기 때문에, '원했다/먹기를'이 되야겠지요. 즉 '먹기를'이 '원하다'의 목적어가 되는 형태가 되는 거지요. (want to eat) 3번에서는 '어제는'이라는 부사가 주어보다도 먼저 나왔지요? 일종의 강조라고 보시면 되겠습니다. '내 사무실에서'의 장소 부사구가 '시간을 아끼기 위해'라는 이유 부사구보다 먼저 나왔구요.

달인은 알고 있다!

to부정사, 동명사(-ing) - 지금 필요한 건 뭐?

동사 두 개를 연결해서 하나의 동사구를 만들 때 (예, want to eat, finish eating 등), 뒤에 나오는 to부정사 (to eat)나 동명사(eating)가 바로 동사의 목적어 역할 (먹기를~)을 하게 되는 것인데요. 이 때 이 목적어의 형태를 결정짓는 것은 앞의 동사들(want, finish)입니다. want, need, decide, hope, wish, refuse, propose 등의 동사들이 to부정사 형태의 목적어를 원한다면, finish, mind, deny, suggest, postpone, delay등의 동사들은 동명사 형태의 목적어를 원하는 것이지요. 외우는 수 밖에 달리 방법이 없으니, 자주 쓰면서 익혀보세요!

● 영어표현 짚어보기

- 점심으로 for lunch (식사명, breakfast, lunch, supper, dinner 등의 단어 앞에는 무관사입니다.)
- 햄버거 하나 더 another hamburger (=one more hamburger)
- (내) 사무실에서 at my office
- 시간을 아끼기 위해 to save time (to 부정사를 부사적으로 써서…)

영어로 뽑아내기

이제 시제와 수일치 등 문법적인 요소들도 고려해서 문장으로 만들어 보겠습니다.

1. I ate a hamburger for lunch.
2. James wanted to eat another hamburger.
3. Yesterday, I ate a hamburger at my office to save time.

보보샘 거들기

1. 햄버거는 가산명사이므로 관사 a가 필요하죠. 시제는 과거이므로, 동사는 ate
2. want는 목적어로 동사 (eat)가 와야 할 경우, to부정사를 취하는 동사입니다. 따라서,

wanted to eat

3. Yesterday라는 부사가 문장 앞에 왔으니, 그 다음에 콤마(,)를 찍고 시작!

 ## II. 감키우기

● 다음 우리말 문장을 영작해 보려고 합니다. 먼저, 주어와 동사, 목적어가 될 부분을 찾아 밑줄을 그어 보고, Word Matchmaker를 참고하여 영작을 완성해 보세요.

1. 너희들 사진 찍어줄께.
2. 스파이더맨은 스파이더맨3에서 검정색 옷을 입고 나온다.
3. 자기 전에 자명종 시계를 맞추시게.
4. 이야기를 다 읽고 난 후, 그녀는 눈물을 닦았다.

Word Matchmaker

1. 사진찍다 • — • take a picture (photograph)
2. 입다 • — • wear
   검정색 옷 • — • a black suit
3. 자명종 시계 • — • alarm clock
   맞추다 • — • set
4. 눈물을 닦다 • — • wipe one's tears away, wipe one's wet eyes

┗ 주어(S) 동사(V) 목적어(O) 찾아내기

1. (내가) 너희들 사진 찍어줄께.
      S   O   V

2. 스파이더맨은 스파이더맨 3에서 검정색 옷을 입고 나온다.
        S   O   V

3. (당신은) 자기 전에 자명종 시계를 맞추시게.
      S   O   V

4. (그녀가) 이야기를 읽고 난 후, 그녀는 눈물을 닦았다.
      S   O   V   S   O   V

영어로 뽑아내기

1. I will take a picture of you.
2. Spiderman wears a black suit in Spiderman 3.
3. Please set the alarm clock before you go to bed.
4. She wiped her tears away after she read the story.

보보샘 거들기

1. ~의 사진을 찍다 take a picture of sb. '찍어줄께~' 라는 의지를 나타내므로, 조동사 will 이 필요하겠습니다.
2. 몸에 입거나 걸치는 것은 모두 wear로 표현이 가능하지요. '입고 나온다' 의 '나온다' 는 굳이 영작할 필요 없이 그냥 '입는다' 로 영작하시면 되겠구요.
3. 잠자리에 들다 go to bed, 명령문이므로 동사 주어없이 동사원형 set으로 시작
4. 두 개의 주.동.목 (SVO) 문장을 연결해야 하겠지요? 종속접속사 after를 사용해서… 이 때, 두 절의 순서를 바꾸어, After she read the stotry, she wiped her tears away라고 뽑아내셔도 괜찮겠지요… 다만 콤마(,)를 반드시 넣어 주시구요.

III. 감살리기

● 다음 대화를 잘 보고, 아래의 '영작의 달인되기'를 완성해보세요.

A 당신들 어제 밤 10시 경에 뭘하고 있었지?

B 전 책을 읽고 있었고, 집사람은 침실에서 통화중이었고, 아이들은 모두 텔레비전을 보고 있었어요. 비가 와서 모두들 집에 있었는데요.

└ 영작의 달인되기

A ___What were___ you ___doing___ around 10 p.m. last night?

B I was _____ a book , my wife _____ on the phone in the bedroom, and my kids were all _____ . Everyone was _____ since it was raining.

🌸 보보샘 거들기

주동목 (SVO) 구조를 갖추어야 할 문장들은 다음과 같습니다.

당신들은/하고있었지/무엇을

전/읽고 있었고/책을

아이들은/보고있었다/텔레비전을

나머지 문장들은 모두 주어와 동사를 기본으로, 부사구와 적절히 연결시키면 되겠습니다.

* 10시경 around ten p.m.

* 어젯밤 last night

* 통화중 talking on the phone

동사의 시제는 모두 과거 진행형(was/were + ~ing)이 되야겠지요. "~하고 있었다"의 의미이니까.

의문문은 의문사가 문장 앞으로 가면서, 주어와 동사의 순서가 바뀝니다. 즉, 우선 평서문 처럼 만들었다가, 단어의 순서를 바꾸어 주는 겁니다.

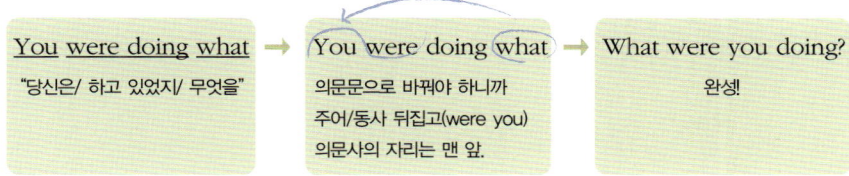

🌱 보보샘은 이렇게 영작했어요!

A **What were** you **doing** around 10 p.m. last night?

B I was **reading** a book, my wife **was talking** on the phone in the bedroom, and my kids *were all* **watching television**. Everyone was **at home** since it was raining.

Brain 3 보어, 원츄!
주어, 동사, 보어로 문장쓰기

1. 감잡기

'주어 + 동사'의 기본 구조가 때로는 보충 설명을 필요로 할 때가 있습니다. 하나의 단어를 상대로 여러 정의를 내려보는 '네모' 게임을 생각해볼까요?

"영어는 ▨▨▨▨▨▨▨ 다."
"English is ▨▨▨▨▨▨▨."

여러분들 머리 속에 여러 단어가 떠오르겠지요?
"English is a bridge."
"English is wonderful."
"English is my favorite subject."

네모가 채워져야 문장의 의미가 완성이 되기 때문에, 네모는 결국 문장의 필수구성요소로서 <u>보어</u>가 됩니다.

● 다음의 우리말 문장을 잘 보시고, '영어식 우리말'로 바꾸어 보세요.

1. 내 동생 David는 마침내 영화감독이 되었다.
2. 그 아이는 10년 후에 유명한 영화감독이 될 것이다.
3. Steve는 최근에 영화감독이 되었지만, 여전히 우울해 보인다.

└ '영어식 우리말'로 바꿔보기

1. 내 동생 David는/마침내/되었다/영화감독이
2. 그 아이는/될 것이다/유명한 영화감독이/10년 후에
3. Steve는/최근에/되었다/영화감독이/하지만/그는/여전히/보인다/우울해

보보샘 거들기

보어는 주어와 동사 뒤에 놓여서 주어를 설명하게 됩니다. 1번에서 부사 '마침내'의 위치는 비교적 자유롭습니다만, 문장 맨 앞이나 동사 앞이 좋겠지요. 2번의 '10년 후에'는 시간 부사구이므로 문장 맨 뒤에 두시면 좋겠구요. 3번은 주어, 동사, 보어로 이루어진 두 개의 문장을 접속사 but로 묶어준 상황. 부사 '최근에'와 '여전히'의 위치를 잘 정해주셔야겠지요.

● 영어표현 짚어보기

- 영화감독이 되다 become a movie director ('영화감독이'는 보어)
- 10년 후에 in ten years (전치사 in이 시간 명사와 함께 쓰일 경우, '~후에'로 미래 시제와 연결될 수 있습니다.)
- 우울해 보이다 look gloomy (blue)

└ 영어로 뽑아내기

이제 시제와 수일치 등 문법적인 요소들도 고려해서 문장으로 만들어 보겠습니다.

1. My brother David finally became a movie director.
2. The child will become a famous movie director in ten years.
3. Steve recently became a movie director, but he still looks gloomy.

🌱 보보샘 거들기

1. 시제는 과거 시제 혹은 이제 막 영화 감독이 되었다는 결과를 강조하고 싶을 경우, 현재 완료도 가능하겠지요. My brother David has finally become a movie director.

2. 시제는 미래이므로, will become

3. 두 개의 절을 접속사 but를 사용해서 하나의 문장으로 묶었습니다.

 **11. 감 키우기**

● 다음 우리말 문장을 영작해 보려고 합니다. 먼저 주어와, '동사 + 보어'가 될 부분을 찾아 밑줄을 그어 보고, Word Matchmaker를 참고하여 영작을 완성해 보세요.

1. Julie는 키가 작은 편이지만, Julie의 남동생은 꽤 크다.
2. 그는 오늘 극도로 피곤해 보인다.
3. 공연이 시작되기 전에는, 배우들은 모두 불안해하는 것 같다.
4. Coco Chanel은 아주 유능한 20세기 패션 디자이너였다.

Word Matchmaker

1. 작은 편이다 • — • be rather short
2. 극도로 • — • extremely
3. 공연 • — • performance
   불안한 • — • nervous
4. 유능한 • — • prominent

ㄴ 주어(S)와 동사&보어(V+C) 찾아내기 (동사와 보어는 함께 연결하세요!)

1. <u>Julie</u>는 키가 <u>작은 편이지만</u>, <u>Julie의 남동생</u>은 꽤 <u>크다</u>.
    S   V+C   S   V+C

2. 그는 오늘 극도로 피곤해 보인다.
　　S　　　　　　　V+C

3. 공연이 시작되기 전에는, 배우들은 모두 불안해하는 것 같다.
　　　　　　　　　　　　　S　　　　　　V+C

4. Coco Chanel은 아주 유능한 20세기 패션 디자이너였다.
　　S　　　　　　　　　　　　　V+C

영어로 뽑아내기

1. Julie is rather short, but her brother is quite tall.
2. He looks extremely tired today.
3. Before the performance starts, all the actors seem nervous.
4. Coco Chanel was a very prominent fashion designer of the twentieth century.

보보샘 거들기

1. quite는 '꽤,' '제법'의 의미로, 제법 (^^;) 쓸만한 부사입니다.
2. 동사 look은 뒤에 보어로서 형용사 tired가 올 수 있습니다. Extremely는 피곤하다라는 tired를 수식해주는 것이므로 바로 앞에 두면 좋겠지요.
3. Before the performance starts처럼 종속절로 처리할 수도 있지만, 그냥 before the performance의 부사구로 만드셔도 괜찮습니다.
4. 20세기 the twentieth century

달인은 알고 있다!

Can you feel it? Did you smell it?

흔히 '감각동사'라고 부르는 동사들(feel, smell, look, taste 등)은 형용사를 보어로 하는 S+V+C의 구문에서 쓰이는 일이 많지만, S+V 혹은 S+V+O의 구문에서 쓰이는 경우도 있습니다. 즉 뒤에 명사가 나올 수 있다는 것이지요.

Sometimes, I feel lonely. (S + V + C)
I could feel your heart beat. (S + V + O)
너의 심장소리를 느낄 수 있을 듯…
How do you feel about this problem? (S + V)
이 문제에 대해서 어떻게 느끼십니까?

The soup smells good. (S + V + C)
She smelled the perfume. 그녀는 향수를 맡았다.
(S + V + O)

You look great today! (S + V + C)
Please look at the menu. 메뉴를 보세요.
((S) + V)
I tasted the soup. 나는 수프를 맛보았다.
(S + V + O)

이렇게 자유분방한 성격의 동사를 한가지로만 기억한다는 것은 슬픈 일입니다. 여러 가지 쓰임새로 활용해보세요~

III. 감살리기

● 다음의 짧은 글을 잘 보고, 아래의 '영작의 달인되기'를 완성해보세요.

내가 제일 좋아하는 계절은 봄이다. 봄은 신선하고 경쾌한 소리를 낸다. 사람들은 항상 행복해 보이고, 난 뭔가 좋은 일이 일어날 것 같은 예감이 든다.

└ 영작의 달인되기 (1)

My favorite season ___in spring___ . "Spring" _____ fresh and cheerful. People always _____, and I feel like _____ will happen to me.

🌸 보보샘 거들기

'봄은 아주 새롭고 경쾌한 소리를 낸다.'는 봄을 주어로 해서 동사 sound(소리를 낸다)와 보어(형용사 new, cheerful)를 연결하면 멋진 문장이 만들어질 수 있겠지요.

Feel like~는 ~할 것 같은 느낌이다. 아무래도 ~할 것 같다는 의미인데, 주로 구어적으로 쓰이는 표현입니다. 여기서는 전치사 like 뒤에 something good will happen to me라는 절을 썼는데, 이런 식이 가능하겠지요? 전치사 뒤에 '명사'가 오게 되어 있으니, 여기서처럼 명사절이 올 수 있겠습니다.

🌸 보보샘은 이렇게 영작했어요!

My favorite season **is spring**. "Spring" **sounds** fresh and cheerful. People always **look happy,** and I feel like **something good** will happen to me.

우리 강아지는 낯선 사람들을 보면 불안해하고 공격적이 되오. 낯선 사람들이 집에 들어오면 으르렁거리고 짖어대요. 제가 '안돼!' 라고 얘기 하고, 강아지를 사람들에게서 떨어뜨려 부엌에 갖다 놓는데요. 이것이 맞게 하는 건가요?

영작의 달인되기 (2)

My dog   becomes nervous   and aggressive to strangers! If someone new comes to the house, she growls and barks at them. I tell her "NO" and put her in the kitchen away from them. _____ to do?

보보샘 거들기

동사 become에 형용사 nervous와 aggressive를 연결하면, '불안해지고, 공격적이 된다' 는 표현이 완성되겠지요. '맞게 하는 것' 은 the right thing to do와 같이 to부정사로 묶으면 어떨까요?

보보샘은 이렇게 영작했어요!

My dog **becomes nervous** and aggressive to strangers! If someone new comes to the house, she growls and barks at them. I tell her "NO" and put her in the kitchen away from them. **Is this the right thing** to do?

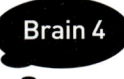 # Brain 4 목적어 하나는 너무 서운해!
주어, 동사, 간목, 직목으로 문장쓰기

1. 감잡기

동사에 목적어 두 개가 붙는 경우가 있습니다. 주로 '주는' 상황에 해당되는 얘기인지라, 이런 동사를 '수여' 동사라고 하지요. 상장을 받는 순간을 생각해 보면, 교장 선생님께서 (주어) 수상내역을 적은 상장을 (직접목적어) 나에게 (간접 목적어) 수여합니다 (동사). 이 때 수여하는 사람은 주어가 되고, 수여하는 물건은 '~을/를'이 붙으므로 의문의 여지없이 (직접)목적어가 되겠구요. 물건을 받을 사람도 필요하겠지요? 사람은 '~에게'가 붙는 간접목적어가 되겠습니다.

● 다음의 자연스러운 우리말 문장을 잘 보시고, '영어식 우리말'로 바꾸어 보세요.

1. 물 한 잔 갖다 줄래?
2. 제니가 목말라 보여서, 내가 물 한 잔 갖다 줬어.
3. 물 한 잔 갖다 주면, 내가 정답 보여줄께.

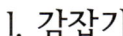 '영어식 우리말'로 바꿔보기

1. (너는)/갖다 줄래/(나에게)/물 한 잔을
2. 제니가/보였다/목말라/그래서/ 내가/갖다 줬어/(그녀에게)/물 한 잔을

3. (만약)/(네가)/ 갖다 주면/나에게/물 한 잔을, 나는/보여줄게/너에게/정답을

보보샘 거들기

동사 뒤에 목적어 두 개 (간접 목적어, 직접 목적어)를 살포시 놓으시면 되겠습니다. 단, 우리말에서는 가끔 주어나 간접 목적어가 생략되는 경우가 있으니, 이들을 찾아서 넣어 주셔야겠지요. 1번에서는 우리말에서 행방불명된 주어와 간목을 찾아주셔야 하구요. 2번은 두 문장을 접속사로 연결해줘야 하고, 3번의 경우는 if를 사용해서 조건절을 만드셔야 합니다.

● **영어표현 짚어보기**
- (누구에게 무엇을) 갖다 주다   get somebody something
- 목말라 보이다   look thirsty
- 정답   correct answer(s)

영어로 뽑아내기

이제 시제와 수일치 등 문법적인 요소들도 고려해서 문장으로 만들어 보겠습니다.

1. Will you get me a glass of water?
2. Jenny looked thirsty, so I got her a glass of water.
3. If you get me a glass of water, I'll show you the correct answers.

보보샘 거들기

1. 조동사 will, would (혹은 can)을 사용해서 의문문으로 만드셔야겠지요.
2. 두 개의 문장을 접속사 so로 연결하여 인과관계의 문장을 만들 수 있겠습니다. 시제는 과거이고, 두 개의 행동이 거의 동시에 일어났다고 봐서 둘 다 과거 시제로 하시면 OK. 따라서, 동사는 looked와 got.
3. 조건절을 이끄는 접속사 if의 도움으로, '~한다면'의 의미를 간들 수 있겠구요. 주절에서는 '보여줄께' 라는 의지가 담겨있으므로, 조동사 will을 사용하여 문장을 구성했습니다. 동사 show도 목적어를 두 개 갖는 동사라는 거…

11. 감키우기

● 다음 우리말 문장을 영작해 보려고 합니다. 먼저, 주어와 동사, 두 개의 목적어를 찾아 밑줄을 그어 보고, Word Matchmaker를 참고하여 영작을 완성해 보세요.

1. 여자친구 생일날, 나 꽃 보냈다.
2. 네가 정말 아빠께 이 사과파이를 구워드렸단 말이야?
3. 샘은 아들에게 흥미진진한 이야기를 읽어주고 있었다.
4. 선생님께 우편 엽서를 보내거나 편지를 쓰지 그렇니?

Word Matchmaker

1. 보내다 • — • send sb. sth.
2. 구워드리다 • — • bake sb. sth.
3. 읽어주다 • — • read sb. sth.
4. 보내다/쓰다 • — • send/write sb. sth.

● 주어(S), 동사(V), 간목(IO), 직목(DO) 찾아내기

1. <u>(나는)</u> 여자친구 생일에 <u>(그녀에게)</u> <u>꽃을</u> <u>보냈다</u>.
    S   IO   DO   V

2. <u>네가</u> 정말 <u>아빠께</u> 이 <u>사과파이를</u> <u>구워드렸단</u> 말이야?
    S   IO   DO   V

3. <u>샘은</u> <u>아들에게</u> 흥미진진한 <u>이야기를</u> <u>읽어주고</u> 있었다.
    S   IO   DO   V

4. <u>(너는)</u> <u>선생님께</u> <u>우편엽서를</u> <u>보내거나</u> 또는 <u>(선생님께)</u> <u>편지를</u> <u>쓰지</u> 그렇니?
    S   IO   DO   V   IO   DO   V

└ 영어로 뽑아내기

1. I sent my girlfriend some flowers on her birthday.

2. Did you really bake your dad this apple pie?
3. Sam was reading his son an exciting story.
4. Why don't you send your teacher a post card or write her a letter?

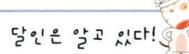

직접목적어와 목적보어, 같은 위치에 놓이다!

She made her son a sweater. 그녀는 아들에게 스웨터를 만들어주었다.

She made her son a doctor. 그녀는 아들을 의사로 만들었다.

위의 예문에서 a sweater는 간접목적어이고, a doctor는 목적보어입니다. 문장의 구조는 언뜻보면 완벽하게 똑같지만, 첫째 문장의 her son과 a sweater는 동일하지 않은 두 개의 목적어이구요. 둘째 문장의 her son과 a doctor는 결국 동일인물이 되면서, a doctor는 목적어 her son을 보충 설명하는 목적보어가 되는 것입니다. 같은 위치에 온다고 다 똑 같은 역할을 하는 것이 아니란 걸 알 수가 있겠지요?

보보샘 거들기

1. 우리말 문장에는 빠져있는 주어(I)와 간접목적어(her)를 찾아 넣으시고, 동사의 시제는 과거이므로 sent로 하셔야겠지요.

2. 일반동사 bake가 포함된 의문문이고, 시제는 과거이므로 조동사 Did가 필요합니다. '구워드렸단 말이야?'는 다분히 구어적인 표현이므로, 영어에서는 억양으로 (really를 강조) 해결할 수 있는 부분이랍니다.

3. 시제는 과거 진행형이므로 was reading

4. '~하지 그렇니?'와 같은 표현은 'Why don't you…?'가 제격이지요.

III. 감살리기

● 다음의 대화를 잘 보고, 아래의 '영작의 달인되기'를 완성해보세요.

A 어디가는 거야?

B 슈퍼. 뭐 사다줄까?

A 아니, 됐어. 그나저나 모퉁이에 있는 비디오 가게. 네가 갈 때까지 아직 열려있을까?

B 잘 모르겠지만, 내가 확인하고, 열려있으면 전화줄게.

A 고마워.

영작의 달인되기 (1)

A Where are you going?

B To the supermarket. Can I <u>get you anything</u>?

A No, thanks. By the way, do you think the video shop _____ will still be open until you get there?

B I don't know but, I'll check and _____ if it is.

A Thanks.

보보샘 거들기

'슈퍼'라고 간단하게 말했지만, 방향 전치사 to, 정관사 the (화자와 청자 모두 알고있는 슈퍼마켓이므로)와 함께 To the supermarket이라고 해주시면 좋겠죠.

'뭐 사다줄까?'는 동사 get을 4형식으로 사용해서 Can I get you anything?으로 만드시면 좋겠습니다. 의문문이므로 something대신 anything을 써야 하구요.

'전화줄께'는 말 그대로 'Give sb a call'을 활용해서, 'I'll give you a call.'로 만들어보았습니다.

보보샘은 이렇게 영작했어요!

A Where are you going?

B To the supermarket. Can I **get you anything**?

A No, thanks. By the way, do you think the video shop **on the corner** will still be open by the time you get there?

B I don't know but, I'll check and **give you a call** if it is.

A Thanks.

A 우리 엄마는 나 어렸을 때, 매일 밤 잠들기 전 이야기를 읽어주셨지. 내가 정말 좋아했었는데… 넌 어땠어?

B 글쎄, 우리 엄마는 침대에서 노래를 불러주시곤 했어. 근데 난 그다지 즐겁지가…. 우리 엄마는 음치라서 노래를 제대로 못하시거든…

영작의 달인되기 (2)

A My mom ~~read me bedtime stories~~ every night when I was a child. I really loved it. How about you?

B Well, my mom would _____ in bed, but I didn't find it enjoyable. My mother was a tone-deaf and couldn't carry a tune.

보보샘 거들기

아이가 잠들기 전에 엄마들이 침대맡에 앉아 들려주는 이야기를 bedtime story라고 하지요. 엄마가 '내게 읽어주시니까' 동사 read와 me를 연결하구요. 노래를 불러주는 것도 마찬가지겠지요? Sing sb. a song.

보보샘은 이렇게 영작했어요!

A My mom **read me bedtime stories** every night when I was a child. I really loved it. How about you?

B Well, my mom would **sing me a song** in bed, but I didn't find it enjoyable. My mother was a tone-deaf and couldn't carry a tune.

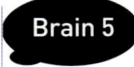 **Brain 5** ‘주동목' 삼총사의 멤버 보강!
주어, 동사, 목적어, 목적보어로 문장쓰기

1. 감잡기

　주어, 동사, 목적어로 구성된 탄탄한 문장 구조는 앞서 이미 살펴보셨고, 이젠 여기에 목적보어가 가세해서 의미를 확장시키는 경우를 보도록 하겠습니다. 멤버가 넷으로 늘었다고는 하지만, 그래봐야 달인의 손바닥 안이죠…음하하…^^

● 다음의 자연스러운 우리말 문장을 잘 보시고, '영어식 우리말'로 바꾸어 보세요.
1. 네가 문 열어놨니?
2. 방 청소할 때는 문을 열어놔야지.
3. 밤에는 문열어 놓지 마세요.

┗ '영어식 우리말'로 바꿔보기
1. 네가/열어놨니/문을
2. (너는)/열어놔야지/문을/(네가)/청소할 때/방을
3. 열어 놓지 마시오/문을/밤에는

🌼 보보샘 거들기

목적보어는 목적어 바로 뒤에 와서, 목적어의 상태를 나타내게 됩니다. 이 때 목적보어의 자리에는 형용사나 명사가 올 수 있겠지요. 우리말에서 흔히 주어가 생략이 되어 표현이 되기 때문에, 적절히 넣어주셔야 하구요. 2번의 경우는 때를 나타내는 종속부사절 (When~)이 필요하겠지요.

● 영어표현 짚어보기

· 문을 열어두다 leave the door open

· 방청소하다 clean one's room

· 밤에는 at night

영어로 뽑아내기

그럼, 이제 다 연결시켜 문장을 만들어 볼까요?

1. Did you leave the door open?

2. You should leave the door open when you clean your room.

3. Don't leave the door open at night.

보보샘 거들기

1. 의문문이고, 과거시제이기 때문에, 조동사 Did가 필요하겠지요?

2. '방 청소할 때는'을 부사절로 만들기 위해서, 시간 접속사 when이 필요하구요. 우리말에는 없던 주어 you를 찾아 넣어주는 센스! 잊지 않으셨죠?

3. 부정 명령문을 만들기 위해서는 문장 맨 앞에 Do not (Don't)를 두어야겠습니다.

11. 감키우기

● 다음 우리말 문장을 영작해 보려고 합니다. 먼저 주어, 동사, 목적어, 목적보어를 찾아 밑줄을 그어 보

고, Word Matchmaker를 참고하여 영작을 완성해 보세요.

1. 전 머리를 금발로 염색했어요.

2. 지난 주말에 내 차 수리 맡겼어.

3. Peter는 Harry Potter를 닮아서, 친구들 모두 그를 "Harry Peter"라 부른다.

4. 어젯밤 진짜 들었어. 누군가 소리지르는 거….

Word Matchmaker

1. 염색하다 •—• dye
2. 차 수리 맡기다 •—• have +O (car)+fixed
   이번 주말에 •—• this weekend
3. 닮다 •—• resemble
   (자동사) ~를~라 부르다 •—• call +O+ sth
4. ~가 ~하는 것을 듣다 •—• hear + O + -ing

● 주어(S), 동사(V), 목적어(O), 목적보어(OC) 찾아내기

1. 나는 머리를 금발로 염색했어요.
   S   O   OC   V

2. (나는) 지난 주말에 내 차 수리를 맡겼다.
   S   O   OC   V

3. Peter는 Harry Potter를 닮아서, 친구들 모두 그를 "Harry Peter"라 부른다.
                          S   O   OC   V

4. (나는) 어젯밤 진짜 들었어. 누군가 소리지르는 거….
   S   V   O   OC

└ 영어로 뽑아내기

1. I dyed my hair blonde.

2. I had my car fixed last weekend.

3. Because Peter resembles Harry Potter, all his friends call him Harry Peter.

4. I just heard someone screaming last night.

🌼 보보샘 거들기

1. 감춰진 주어 (I) 찾으시고, '머리를'이 목적어, '금발로'가 목적보어가 되겠습니다.
2. 감춰진 주어 (I) 찾아 넣어 주시고, 사역의 의미를 지니는 get이나 have의 도움을 받아서, 목적어 my car 뒤에, 과거분사 (fixed)의 형태로 붙이시면 되겠습니다.
3. 이유종속절이 필요하네요. 접속사 Because를 써서 만드시고, 주절에서 동사 call, 목적어 him 목적보어 Harry Peter는 나란히 배열하시면 끝.
4. 감춰진 주어 (I) 살리시고, 지각동사 hear +목적어+ '현재분사'를 활용하셔서 문장을 만드시면 되겠습니다. 어제밤 last night이므로 시제는 과거, heard. 구어체에서 '진짜, 분명히'의 의미로 just가 많이 사용됩니다.

III. 감살리기

● 다음은 an old pop '슬픈 영화는 언제나 날 울려'의 일부분입니다. 밑줄친 부분의 해석을 참조하여 '영작의 달인되기'를 완성해 보세요.

→ 영작의 달인되기

Said he had to work so I went to the show alone

They turned down the lights and turned the projector on

And just as the news of the world started to begin

<mark>I saw my darling and</mark>

(그이와, 나의 제일 친한 친구가 걸어 들어오는 걸 봤어.)

So I was sitting where they didn't see

And so they sat right down in front of me

And _____

(그이가 그녀의 입술에 키스했을 때, 난 죽을 것 같았어.)

and in the middle of the color cartoon I started to cry
_____

(슬픈 영화는 언제나 날 울려)

보보샘 거들기

'그이와, 나의 제일 친한 친구가 걸어 들어오는 걸 봤어'에서 숨겨진 주어 I를 끄집어 내고, 지각동사 see를 써야 하는데, 목적어 '그이와 내 친구' 뒤에 목적보어 '걸어 들어오다'를 원형으로 혹은 현재분사형으로 하시면 무리가 없겠죠?

'그이가 그녀의 입술에 키스했을 때, 난 죽을 것 같았어'는 when으로 시작하는 시간부사절이 필요해요. 그리고, 주절에서 '죽을 것 같았다'는 'almost died'라고 표현할 수 있습니다. '거의 죽을 지경'이란 얘기입니다.

'슬픈 영화는 언제나 날 울려' 불특정 다수의 슬픈 영화들이므로 복수로 처리하구요. (Sad movies) 사역동사 make와 목적어, 그리고 목적보어로 원형부정사를 취하시면 OK!

원곡의 가사는 이래요!

Said he had to work so I went to the show alone

They turned down the lights and turned the projector on

And just as the news of the world started to begin

I saw my darling and my best friend walk in

So I was sitting where they didn't see

And so they sat right down infront of me

And **when he kissed her lips, I almost died**

and in the middle of the color cartoon I started to cry

Sad movies always make me cry

-가사내용 살펴보기-

그이가 일해야 한다고 해서, 나 혼자 영화를 보러갔지.

불이 꺼지고, 영사기가 켜졌어.

뉴스가 막 시작될 무렵, 난 그이와 나의 제일 친한 친구가 걸어들어오는 걸 봤어.

그래서, 난 그들이 날 볼 수 없는 곳에 앉았고, 그들은 내 바로 앞에 앉았지.

그가 그녀의 입술에 키스했을 때, 난 죽을것만 같았어.

그리고, 만화 중간에, 난 그만 울어버렸어.

슬픈 영화는 언제나 날 울려.

보보샘의 소소한 영어 이야기

영어 문장의 형식은 정말 다섯 개?

'문장의 5형식'이라는 말은 지구를 지키는 '독수리 5형제' 만큼이나 우리에게 익숙한 용어입니다. 학생들과의 수업시간에 문장구조를 설명하려고 하면 문장의 5형식이 나오게 마련인데, 재미있는 것은, 학생들이 S,V,C, S.V.O등은 줄줄이 외우고 있으면서, 막상 제가 예문을 들어 몇 형식인 지 말해보라고 하면, 금새 자신감이 사라진다는 겁니다.

문장의 형식은 문장의 요소들이 조합되는 방식입니다. 즉 순서이지요. 주어와 동사, 목적어, 보어 등이 어떤 순서대로 나와 문장을 만드느냐는 겁니다. 이 순서를 다섯 가지로 분류해서 이른바 '문장의 5형식'이라는 하나의 틀을 만들어낸 것인데, 이것이 꼭 정답은 아닙니다. 혹자는 문장의 6형식이라고도 하고, 심지어 8형식, 그 이상을 이야기하는 사람들도 있습니다. 예를 들어, 주어와 동사로 이루어진 문장 (평서문)의 순서는 S+V, 즉 주어와 동사 순이라는 것을 우리 모두 알고 있지만, There로 시작되는 구문에서는 V+S, 즉 동사가 먼저 나오고 주어는 그 다음에 나오는 순서이지 않습니까? 이런 문장의 패턴을 따로 본다면 '문장의 6형식'이라고 볼 수도 있지 않냐는 것이지요.

문장의 형식을 완벽히 이해했다는 것은, 사실 영작을 하는 데 있어서, 굉장히 큰 의미를 갖습니다. 문장의 구성요소를 가지고 마음대로 요리할 수 있다는 얘기가 되니까요. 그런데, 중요한 것은, 그렇게 되기까지는, 문장의 형식을 설명하는 '공식'만 외워서는 안 된다는 겁니다. 같은 목적어라도 명사는 기본에, 동명사, to부정사, that 명사절 등 다양한 모습으로 등장을 할 수 있고, 주어의 경우도, 명사 하나가 주어역할을 할 수도 있지만, 명사 뒤에 이어지는 긴 형용사절까지 다 주어자리에 오는 경우도 있으니 말입니다. 문장의 형식의 '공식'은 다 알고 있는데, 왜 영어문장을 보면 제대로 분석이 안될까를 고민하는 분들이라면, 해답은 조금 바보 같지만 너무도 간단합니다. 다양한 영어문장을 많이 접해보지 못한 까닭이죠. 영어로 된 텍스트를 많이 보셔야 합니다. 쟝르의 구분 없이 다양한 영어의 문장을 만나보세요. 해석을 하는 것이 중요한 게 아니라, 좀 더 넓은 시야로 문장을 분석하는 눈이 필요합니다. 단어의 뜻을 몰라 자세한 의미가 잡히지 않는다 하더라도, 문장의 뼈대가 엑스레이 사진처럼 보인다면 가능성이 보이는 것이지요.

　문장의 형식이 다섯 개이든 그 이상이든, 영어의 달인에게는 그다지 중요한 것 같지 않습니다. 문장의 겉이 아니라, 속을 꿰뚫어 보는 혜안을 가진 달인에게는 말이지요…

> **Brain 6** 누구시더라? 어디였더라?
> 의문문쓰기

1. 감잡기

　의문문을 영작하기 위해서는 평서문과 다른 어순에 익숙해지는 훈련을 하실 필요가 있습니다. 의문사가 필요한 경우와 아닌 경우, 의문사가 필요하다면 어떤 종류의 의문사가 필요한 지, 어떤 조동사를 써야 하는 지 등등….다양한 의문문을 만들다 보면, 의문문의 구조에 대한 여러분의 '의문'은 점점 사라지겠지요?^^;

- 다음의 자연스러운 우리말 문장을 잘 보시고, '영어식 우리말'로 바꾸어 보세요.
 1. 빗속에서 걷는 거 좋아하세요?
 2. 영화보고 나서 뭐 할거니?
 3. 누가 우리 집 창문을 깬거지?

　　↳ '영어식 우리말'로 바꿔보기
 1. (당신은)/좋아하세요?/걷는 것/빗속에서
 2. (너는)/뭐할거니?/영화보고나서
 3. 누가/깬거지?/우리집 창문을

보보샘 거들기

일단은 평서문의 어순에 입각해서 문장 구조를 재정비해 보실까요? 1번은 감춰진 주어 you를 들추어 내시고, '좋아하다'의 목적어가 '걷는 것'이지요. 2번의 '영화보고 나서'는 부사구나 부사절로 처리하시면 되고, 3번은 의문사 '누구'가 주어이므로, '누가 무엇을 어떻게 했다.' 처럼 평서문의 어순과 동일하게 영작하시면 됩니다.

영어 표현 짚어보기

· 빗속에서 걷기 walking in the rain
· 영화보고나서 after the movie
· 창문을 깨다 break the window

영어로 뽑아내기

그럼, 이제 다 연결시켜 문장을 만들어 볼까요?

1. Do you like walking in the rain?
2. What will you do after the movie?
3. Who broke the window of my house?

보보샘 거들기

1. 의문사가 없는 일반동사(like) 의문문일 경우, 조동사 Do가 필요합니다.
2. 의문사 what이 목적어 (무엇을) 역할을 하고 있지요? You will do what….(과도기 의문문)에서 의문사 what을 앞으로 놓고, 주어 you와 조동사 will의 순서를 바꾸면 OK!
3. 이번엔 의문사 who가 주어 (누가) 역할입니다. 이 때의 어순은 평서문의 어순과 동일합니다. Who (주어) broke (동사) the window (목적어)?

* '과도기 의문문'이란? 영어의 의문문의 구조를 이해하기 위해서는 일단 평서문이었을 때를 생각해보면 쉬워집니다. 예를 들어, '점심으로 무얼 먹을꺼니?' 라는 문

달인은 알고 있다!

의문문 뒤엔 항상 do(does)아니면 be동사?

학생들에게 의문문 영작을 시켜보면, 자주 볼 수 있는 현상이, 의문사 뒤에 항상 do/does나 be동사를 집어넣어 문장을 만든다는 겁니다. (ex. What does~~ Who does~, What is~, who is~ 등) 하지만 의문사 뒤에 반드시 do나 be동사가 와야 하는 것은 아니지요. 의문사자체가 문장의 주어인 경우에는 그 뒤에 얼마든 지 일반동사가 나올 수 있습니다.

Who moved my cheese?
Who did move my cheese? (X)
Who is move my cheese? (X)
What makes you feel sad?
What does make you feel sad? (X)
What is make you feel sad? (X)

즉, 의문사가 주어인 경우는 과도기 의문문과 완성된 의문문이 같은 형태가 되는 것입니다.

그렇다면, 우린 왜 자꾸 의문사 뒤에 do나 be동사를 들이대는 걸까요? 그건 아마도, 그런 형태의 영어 문장을 많이 듣고 읽었기 때문일 것 같습니다. What is your name? Who are you? What do you do? 등의 문장들이 마치 하나의 단어처럼 입에 착 달라붙어 있으니 말이죠.

장을 영작한다고 하면, 우선 편의상 의문사를 넣어 평서문을 만들어보는 거에요. 이렇게… → '(너는) 점심으로 무엇을 먹을 것이다.' 그리고 영작을 해보면, You will have what for lunch. 그런 다음 의문문을 만드는 절차인 '의문사 앞으로 보내기', '주어,동사 위치 바꾸기'를 적용하면 영작이 비로소 완성된답니다.

(과도기 의문문) You will have what for lunch.
→ ('what'을 문장 앞으로) What you will have for lunch
→ (주어, 동사 뒤집기) What will you have for lunch?

물론 의문문 영작이 자유자재로 가능하다면 이 '과도기 의문문' 절차는 접어두셔도 좋겠지요.

11. 감키우기

● 다음 우리말 문장을 영작해 보려고 합니다. 먼저 오른쪽에 '과도기 의문문'으로 빈 칸을 완성해보고, 어순을 조정하여 의문문을 만들어보세요.

1. 왜 이렇게 늦으셨어요?   You _____ are _____ so late

              why   .

2. 기차가 언제 도착하죠?   The train arrives   .

3. 이 소스 어떻게 만드셨어요?   this sauce   .

4. 차 고칠 수 있겠어요?   will be able to fix the car.

'과도기 의문문' 만들어보기

1. You are so late why.
2. The train arrives when.
3. You made this sauce how.
4. You will be able to fix the car.

영어 의문문으로 뽑아내기

1. Why are you so late?
2. When does the train arrive?
3. How did you make this sauce?
4. Will you be able to fix the car?

보보샘 거들기

1. 과도기 의문문 You are so late why에서 의문사 why를 앞으로 보내고, 주어 동사 도치시키면 끝

2. 과도기 의문문 The train arrives when.에서 의문사 when을 앞으로 보내고, 주어 동사를 도치하려고 보니, 일반동사! 이런 경우에는 도치가 아니고, 조동사 do/does가 필요하지요?

3. 과도기 의문문 You made this sauce how.에서 의문사 How를 문장 앞으로! 동사를 보니 일반동사 과거. 따라서 조동사 do의 과거형 did를 불러와야 합니다.

4. 과도기 의문문 You will be able to fix the car에서 주어와 조동사 will만 위치를 바꾸면 OK!

III. 감살리기

● 다음 대화의 답변을 참고하여, 의문문을 완성해보세요.

└. 영작의 달인되기

A What's your name ?

B I am James Brown.

A _____ ?

B I live in Chicago.

A _____ ?

B No, I'm single.

A _____ ?

B I usually meet my friends and go for a drink on weekends.

A _____

B At the cocktail bar downtown. Sometimes we try some other new places.

보보샘 거들기

B의 답변을 보시면, 의문문의 모습이 잘 그려지시죠?

'주말에 보통 뭐하세요?' 라는 문장은 과도기 의문문 '(당신은) 주말에 보통 뭐한다.' 에서 영어식 우리말 '(당신은)/보통/뭐한다/주말에' 로 정리가 되실 거고, 영어로는 You usually do what on weekends로 바뀌었다가, 최종 의문문에서 What do you usually do on weekends? 가 되었겠지요.

'주로 술마시러 어디로 가느냐?' 란 의문문은 과도기 의문문 '(당신은) 주로 술마시러 어디에 간다.' 에서 영어식 우리말 '(당신은)/주로/간다/어디에/술마시러' 가 되겠지요. 영어로는 You usully go where for a drink. 의문문의 어순으로 바꾸면, Where do you usually go for a drink?

하지만 의문문 영작이 문제없이 바로바로 가능하다면, 이와 같은 중간 단계는 무의미합니다. 마음껏 영작의 feel을 발산하세요.

🌱 보보샘은 이렇게 영작했어요!

A **What's you name?**

B I am James Brown

A **Where do you live?**

B I live in Chicago.

A **Are you married?**

B No, I'm single.

A **What do you usually do on weekends?**

B I usually meet my friends and go for a drink on weekends?

A **Where do you usually go for a drink?**

B At the cocktail bar downtown. Sometimes, we try some other new places.

Brain 7 모두 '예' 라고 할 때 '아니요' 라고 말하기
부정문쓰기

1. 감잡기

　긍정문을 부정문으로 바꿀 때에는 '동사' 부분의 변화가 두드러집니다. 일반동사 평서문의 부정일 경우에는, 조동사 do/does/did와 not의 도움을 받아 부정문이 만들어질 것이고, be동사를 포함한 조동사의 경우에는 not만 붙이면 해결이 되겠습니다.

　물론 이외에도 never, hardly, scarcely, rarely 등과 같은 부정어 부사나, no, nothing, nobody, no one, none, neither 등의 부정형용사나 부정대명사 등을 사용해서 부정문을 만들 수도 있겠습니다.

● 다음의 자연스러운 우리말 문장을 잘 보시고, '영어식 우리말' 로 바꾸어 보세요.
1. 스미스씨 가족 이태리 안 갔는데요.
2. 우리 아버지는 해외 여행을 해보신 적이 없어요.
3. 아무도 정시에 안 나타났어요.

'영어식 우리말' 로 바꿔보기
1. 스미스씨 가족은/안 갔는데요/이태리에

2. 나의 아버지는/해보신 적이 없어요/해외 여행을

3. 아무도/안 나타났어요/정시에

보보샘 거들기

긍정 평서문의 문장 구조와 다를 것이 없습니다. 주어와 동사를 기본 축으로 먼저 세우신 후에, 나머지 구성성분들을 연결하시면 되겠습니다. 3번의 경우는 주어인 '아무도' 자체가 부정어이기 때문에, 동사 부분을 따로 부정하지 않습니다.

영어표현 짚어보기

- 여행을 해보다 have traveled
- 나타나다 show up
- 아무도 nobody
- 정시에 on time

영어로 뽑아내기

이제 시제와 수일치 등 문법적인 요소들도 고려해서 문장으로 만들어 보겠습니다.

1. The Smith family didn't go to Italy.
2. My father has never traveled to foreign countries.
3. Nobody showed up on time.

보보샘 거들기

1. 일반동사 go를 부정해야 하고, 시제는 과거. 따라서 조동사 did의 도움이 필요합니다.
2. '경험' 과 관련해서 표현할 때 현재 완료 시제가 많이 쓰이지요 '~해본 적이 없다' 라고 하면 'have never p.p' 의 형태를 많이 취하죠.
3. nobody는 부정대명사입니다. 자체가 부정어이므로, 동사에 not을 쓸 필요가 없지요.

11. 감키우기

부정문을 만드는 방법 중에는 동사를 부정하는 방법뿐 아니라, 부사나 대명사, 상관접속사 등을 사용해서 만드는 경우도 있습니다.

● 다음의 우리말 문장을 괄호 안에 주어진 부정어 표현을 사용하여 영작해 보려고 합니다. Word Matchmaker를 참고하여 영작을 완성해 보세요.

1. 짙은 안개 때문에 좀처럼 바깥 풍경을 볼 수가 없다. (hardly)
2. 이 소설은 교훈적이지도, 재미있지도 않다. (neither, nor)
3. 바지가 네가 입기에는 너무 크다. (too, to)
4. 어떤 것도 우리의 열정을 멈출 수 없다. (nothing)

Word Matchmaker

1. 바깥 풍경 • — • scenery
   짙은 안개 • — • heavy fog
2. 교훈적 • — • instructive
3. 입다 • — • put on, wear
4. 열정 • — • passion, enthusiasm

● 부정어 위치 잡아보기

1. I can **hardly** see ~
2. **neither** instructive **nor** interesting
3. **too** big **to** put on (wear)
4. **Nothing** can stop ~

ㄴ. 영어로 뽑아내기

1. I can hardly see the scenery due to heavy fog.

2. This novel is neither instructive nor interesting.

3. The pants are too big for you to put on.

4. Nothing can stop our enthusiasm.

보보샘 거들기

1. 부정문을 만드는 부사 hardly의 위치는 조동사 바로 뒤! 따로 not을 쓰시면 안 되는 거 아시죠? '짙은 안개로 인해' 는 문장 맨 뒤에 부사구로 처리하는 선스!

2. 양자부정을 이끄는 상관접속사 neither A nor B. A와 B에는 각각 같은 성질의 품사가 와야 합니다. 여기서도 교훈적인 instructive, 재미있는 interesting, 모두 형용사가 들어갔지요?

3. 일명 투투 (too, to) 용법이라 불리는 부정표현입니다. 이 때 의미상의 주어 (네가 입기에는…)는 'for +목적격' 으로 살포시 끼워주면 OK!

4. '그 어떤 것도 ~할 수 없다.' 하면 결국 '아무 것도 ~ 할 수 없다' 란 말이 되어야겠지요. 따라서 부정대명사 Nothing을 주어로 문장을 완성하시면 되겠습니다.

III. 감살리기

● 대화의 흐름을 보면서, 부정문으로 '영작의 달인되기' 를 완성해 보세요.

영작의 달인되기 (1)

A What subject does Mr. Park teach at school, science?

B No. _He doesn't teach science_ . He teaches Literature.
 (그 분은 과학 가르치지 않는데.)

A I heard he will be away on business next week, so there will be no class..

B Who told you that? It's not true. _____.
 (그 분 다음 주에 출장 안 가셔.)

We will have class as scheduled.

A Really? Simon told me last night. How come he is always telling lies?

B Yeah, he is a notorious liar. _____.

　　　　　　　　　　　　　(앞으론 그 애 안 믿는 게 좋을 걸)

🌟 보보샘 거들기

첫번째 문장은 일반동사 teach의 부정이고, 주어는 he, 따라서 doesn't teach가 되어야겠네요. (구어체에서는 줄임말이 대세이므로 doesn't) 그리고, 두번째 문장에서는 조동사 will이 포함되어있으니까, not을 붙여 won't. 마지막 문장에서는, 'had better 원형' 구문의 부정을 'had better not 원형' 으로 해주면 OK!

A: 박선생님이 학교에서 무슨 과목 가르치시지? 과학?

B: 아니, 그 분은 과학 가르치지 않아. 문학을 가르치시는데.

A: 그 분 다음 주에 출장가신다고 들었어. 그래서 너희 수업 없다고.

B: 누가 그래? 아니야. 그 분 다음 주에 출장 안 가셔. 예정대로 수업이 있을 거고.

A: 정말? 사이먼이 어젯밤 말해줬는데. 어떻게 걔는 맨날 거짓말이냐?

B: 그러게. 걔 거짓말로 유명하잖아. 앞으론 그 애 안 믿는 게 좋을 걸.

🌟 보보샘은 이렇게 영작했어요!

A: What subject does Mr. Park teach at school, science?

B: No. **He doesn't teach Science.** He teaches Literature.

A: I heard he will be away on business next week, so there will be no class.

B: Who told you that? It's not true. **He won't be away on business next week.** We will have class as scheduled.

A: Really? Simon told me last night. How come he is always telling lies?

B: Yeah, he is a notorious liar. **You'd better not trust him any more.**

↳ 영작의 달인되기 (2)

A Whose song are you listening to? Wonder Girls? Big Bang?

B I'm not listening to songs . I am studying English by listening to Broadcasting news.

(나 노래듣는 거 아닌데…)

A I think _____ .

(어떤 뉴스는 네가 이해하긴 너무 어려울걸.)

B I know, but I'll try.

보보샘 거들기

진행형이므로 be동사와 -ing 사이에 not을 넣으면 부정문이 완성이 되구요. '이해하기 너무 어렵다' 는 투투용법으로 표현해서 too difficult to understand로 연결시키면 좋겠지요. 물론 사이에 for you (네가)를 집어넣는 것 고려하시구요.

보보샘은 이렇게 영작했어요!

A Whose song are you listening to? Wonder Girls? Big Bang?

B I'm not listening to songs. I am studying English by listening to Broadcasting news.

A I think **some news is too difficult for you to understand**.

B I know, but I'll try.

보보샘의 소소한 영어 이야기

Punctuation

Punctuation (구두법)은 period (마침표), comma (쉼표), question mark (물음표) 등과 같은 문장부호를 말하지요. 그 외모는 미약하나, 존재감이 아주 확실하여, 구두점을 찍어야 하는데 안 찍었을 경우, 혹은 그 반대의 경우에도 문장의 의미에 치명적인 오류를 범할 수 있습니다. 구두점은 글을 읽는 사람에게 pause (쉼)를 적절히 살려 읽게 함으로써, readability(가독성)을 높여주기 때문에, 영작을 할 때에는 구두점에도 신경을 꼭 써야 하겠습니다.

그 중에서도 period (.)는 full stop을 위한 구두점으로, 문장 단위에 찍게 되지요. 문장이라고 할 때는, 적어도 한 개 이상의 동사가 있고, 하나의 의미 단위를 이루어야겠습니다. Period의 확실한 용법에 비해서, comma는 좀 애매한 부분이 없질 않습니다. 다분히 개인적인 취향이 개입이 되기도 하지만, 그럼에도 불구하고 기본적으로 지켜야 하는 comma 사용의 원칙은 "Use as few as you need and only use them when they make sentence clearer!" 즉, "아껴 쓸 것이며, 문장의 의미를 분명히 하는데 도움이 될 때에만 쓰자."입니다.^^ 예를 들어 아래의 문장에 쓰인 comma들을 한 번 볼까요?

- She wants to go there alone, but her mother will not allow it. 〈절과 절 사이 pause〉
- This pamphlet, if possible, should be given back to every participant. 〈삽입구/절 앞뒤〉
- The performance was informative, interesting and instructive. 〈열거〉

한편, period와 comma의 중간자적 위치에 있는 것이 바로 semicolon인데요. 두 개의 독립된 문장 사이에 위치하는 것을 보면 period 성격이 있는 것이고, 두 문장의 관련성을 보면 comma적인 성격이 있는 것이지요. 사실, semicolon은 작문을 함에 있어서, 사용이 그리 쉽지만은 않은 구두점입니다. 그래서 semicolon을 쓰는 대신, comma와 접속사를 사용하는 경우도 많이 볼 수 있습니다. 아래 문장에서 확인해 볼까요?

I wanted to play for the team; I was cut. (o)
I wanted to play for the team; but I was cut. (x)
I wanted to play for the team, but I was cut. (o)

'님'이라는 글자에 점(.)하나만 찍으면 '남'이 되어 버린다는…. 어느 유행가 가사처럼, 구두점 하나도 잘 알고 써야 진정한 영작의 달인이 될 수 있답니다.

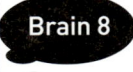
'세수하고, 옷을 입고, 학교에 갑니다.~'
중문쓰기 (Compound Sentence)

1. 감잡기

앞서 다룬 문장은 대부분, 주어, 동사가 하나씩 있는 단문(simple sentence)들이었습니다. 그러나, 실제로 말을 하거나 작문을 할 때에는, 단문만 쓰이는 것이 아니지요. 두 개 이상의 독립적인 단문이 접속사로 얽혀있는 문장을 '중문' (compound sentence)이라고 하는데요. 위 Brain 제목의 '세수하고, 옷을 입고, 학교에 갑니다.' 와 같은 문장을 보시면, 세 개의 독립된 문장이, '(그리)~고' 라는 접속사로 연결되잖아요. 여기서는 이렇게 접속사로 연결되는 중문의 구조를 살펴보도록 하겠습니다.

● 다음의 자연스러운 우리말 문장을 잘 보시고, 두 개의 단문을 '영어식 우리말' 로 바꾸시고, 이들을 연결하기 위해 어떤 접속사를 사용할 지 생각해보세요.

1. 구름은 걷혔지만, 여전히 추웠다.
2. 나는 책을 읽으려고 했고, 엄마는 텔레비전을 보시려고 했다.
3. 공기는 깃털보다 가벼운가요? 아님 더 무거운가요?

● '영어식 우리말' 과 알맞은 접속사 생각해보기

1. 구름은/걷혔다, but, (날씨는)/여전히/추웠다.

2. 나는/읽으려고 했다/책을, and, 엄마는/보시려고 했다/텔레비전을

3. 공기는/가벼운가요/깃털보다, or 그것은/더 무거운가요?

보보샘 거들기

두 개 이상의 문장들이 접속사를 통해 하나로 연결이 되고 있지요? 1번의 경우 '~지만'은 '그러나'의 의미이므로 but이 적절하겠구요. 2번은 '그리고'이므로 and, 그리고 3번에서는 '~아님,' '혹은'의 의미인 or를 써서 연결해 보아요~

> **달인은 알고 있다!**
>
> **FANBOYS ? 뉘집 소년들이신 지…;;;**
>
> 중문을 만드는 접속사에는 흔히 알고 있는 and, but, or 외에도 for, nor, yet, so 등이 있습니다. 그래서 이들의 앞 글자를 연결해서 외우기 쉽게 만들어 놓은 것이 FANBOYS인 것이지요. For가 접속사로 쓰일 때는, 주로 앞 문장 뒤에 콤마나 세미콜론을 하고 부연설명을 하게 되는 경우입니다.
>
> Sarah must be ill, for she looks pale 새라 아픈가 봐, 창백한 걸 보니…

영어표현 짚어보기

- 구름이 걷히다 The clouds clear
- 깃털 feather
- 더 가벼운 lighter   더 무거운 heavier

영어로 뽑아내기

그럼, 이제 다 연결시켜 문장을 만들어 볼까요?

1. The clouds cleared, but it was still cold.
2. I tried to read a book, and my mom tried to watch television.
3. Is air lighter than a feather, or is it heavier?

보보샘 거들기

1. 구름들이 걷힌 것으로 봐서 clouds 복수처리하고, 접속사 but 뒤에서는 날씨를 나타내는 비인칭 주어 it를 써주는 정도의 센스! 발휘해 주셔야 하구요.
2. '~하려고 하다'를 'try to'로 연결하면 자연스럽겠구요.
3. 비교급이기 때문에 뒤에 전치사 than이 나온다는 거 아시겠지요? 그리고 or 뒤에서는 주어 (air)가 반복이 되니까 it으로 바꾸어 주면 깔끔하겠습니다.

11. 감 키우기

◉ 아래의 우리말 문장을 영작해 보려고 합니다. 어떤 접속사를 쓸지 결정하시고, Word Matchmaker를 참고하여 영작을 완성해 보세요.

1. 수잔이 나 파티에 초대했는데, 난 가기 싫다.
2. 우리 해변가에 갔어, 날씨가 선탠하기에 딱이었거든.
3. 프레젠테이션이 성공적이어서, 사장님이 무척 기뻐하셨다.
4. 나는 웃을 수도 울을 수도 없었다.

Word Matchmaker

1. 파티에 초대하다 • — • invite sb to a party
2. ~에 딱이다 • — • be perfect for
3. 성공적이다 • — • be successful
   기뻐하다 • — • be pleased with
4. ~도 ~도 아닌 • — • neither ~ nor ~

◉ 접속사 골라보기

1. but
2. for
3. so
4. neither ~ nor

⌐ 영어로 뽑아내기

1. Susan invited me to a party, but I don't want to go.
2. We went to the beach, for the weather was perfect for tan.
3. The presentation was successful, so my boss was much pleased with it.
4. I could neither laugh nor cry.

보보샘 거들기

1. 동사 invite는 과거형 (초대했다) '가고 싶지 않다'는 현재형 (don't want)으로 하셔야겠지요.
2. for가 전치사 외에도, 접속사로도 쓰여요. 주로 이유와 관련되는데요. 종속접속사인 because, as, since와는 달리 문장의 뒷부분에 놓여 부연설명 (~이니까)을 해주게 됩니다.
3. '~어서'는 접속사 so가 안성맞춤이지요.
4. 접속사 nor는 neither와 함께 완전부정을 만들게 되지요. 동사 laugh와 cry 모두 조동사 could에 연결되어 있기 때문에, 원형으로 해주면 OK!

III. 감살리기

● 아래의 인물 소개의 글을 밑줄친 부분을 중심으로 영작하려고 합니다. 알맞은 단어를 넣어 '영작의 달인되기'를 완성해 보세요.

Simon Patrick 씨는 서울에서 태어났고, 열 살 때 <u>뉴욕으로 건너갔습니다</u>. 그는 그 무엇보다도 <u>음악을 사랑했습니다</u>. 부모님은 <u>그가</u> 변호사가 되길 <u>원했지만</u>, 그의 관심은 오로지 음악 뿐이었습니다. 지금 그는 세계 최고의 재즈음악가중 한 명입니다. 오늘 그가 바로 여기 우리곁에 있네요. 자, <u>그러니</u> Simon Patrick 씨를 환영해주시고 큰 박수 주십시오.

영작의 달인되기 (1)

Simon Patrick was born in Seoul ▒and▒ ▒moved▒ ▒to▒ New York at the age of ten. He ▒▒▒▒▒ ▒▒▒▒▒ more than anything in the world. His parents ▒▒▒▒▒ ▒▒▒▒▒ to be a lawyer, ▒▒▒▒▒ he was only interested in music. He is now one of the best jazz musicians in the world. Today, he is right here with us, please welcome Simon Patrick   give him a big hand.

보보샘 거들기

첫 번째 문장에서는 두 문장을 'and'를 써서 연결하면 좋겠지요. 시제는 동일하게 과거로 해주시구요. '열 살 때'라는 표현은 at the age of ten이라고 하면 간단하게 구로 처리가 가능합니다. 두 번째 문장은 but로 연결하라는 표시인 '~지만'이 보이시지요? 세 번째 문장은 단문이니 간단하게 처리가 되셨습니까? '최고의 재즈 뮤지션 중 한 명'이라는 표현은 'one of the best jazz musicians in the world'라고 표현하시면 좋겠습니다. 'one of the best~'는 많이 쓰이는 최상급 표현이지요. 마지막 문장에서는 접속사 so를 사용해서 묶고, 뒤에 '환영해주시고, 박수 쳐달라'는 and로 또 연결하시면 되겠지요. Give somebody a big hand라는 표현은 '큰 손'을 주는 게 아니라, 큰 박수를 주라는 뜻이랍니다.

보보샘은 이렇게 영작했어요!

Simon Patrick was born in Seoul **and moved to** New York at the age of ten. He **loved music** more than anything in the world. His parents **wanted him** to be a lawyer, **but** he was only interested in music. He is now one of the best jazz musicians in the world. Today, he is right here with us, **so** please welcome Simon Patrick **and** give him a big hand.

Ethan Hawke는 미국 배우, 작가이자 영화 감독이다. Hawke는 고등학교 시절 내내 작가가 되기를 원했지만, 연기로 맨 처음 발을 내디뎠다. 나중에 그는 그의 첫 소설 The hottest state를 1996년에 출판했다.

영작의 달인되기 (2)

Ethan Hawke is an American actor, writer,   and   film director. Hawke wanted to be a writer throughout his high school days, ▭ he instead began acting first. Later, he ▭ his first novel, "The hottest state" in 1996.

보보샘 거들기

'배우, 작가, 영화 감독'은 명사를 차례로 연결하면서 제일 마지막에 나오는 명사 앞에서 and를 붙입니다. 책의 출판은 publish

보보샘은 이렇게 영작했어요!

Ethan Hawke is an American actor, writer, **and** film director. He wanted to be a writer throughout his high school days, **but** he instead began acting first. Later, he **published** his first novel, "The hottest state" in 1996.":

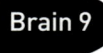 # 문장이 문장을 품은 형세
복문쓰기 (Complex Sentence)

 ## 1. 감잡기

앞서 익힌 중문(compound sentence)이 두 개의 독립된 문장을 접속사를 사용해서 엮은 것이었다면, 이제 여러분들이 만들어 볼 문장들은 '복문(complex sentence)'이라고 불리는 문장입니다. 이른바 '문장이 문장을 품은 형세'인데요. 두 개의 절(문장)이 대등하게 연결되는 것이 아니라, 주절과 종속절의 관계로 연결된다는 점이 특징입니다. 예를 들어 '철수가 들어왔고 영희가 나갔다' 라는 문장은 중문에 해당이 되므로, 접속사 'and'를 사용해서 두 개의 절을 연결하면 되겠지만, '철수가 들어왔을 때, 영희는 나갔다' 라는 문장을 보면 '영희가 나갔다' 라는 사실이 주된 정보 (주절)이고, '철수가 들어왔을 때' 는 종속절이 되어 주절의 정보 전달에 도움을 주는 역할을 하게 됩니다.

● 아래의 자연스러운 우리말 문장을 잘 보시고, '영어식 우리말'로 바꾸어보고, 어떤 종속접속사를 써야 할 지 도 생각해 보세요.

1. 팀(team)이 함께 애썼기 때문에 우리가 결국 이겼다.
2. 이 프로젝트를 오늘밤 못 끝내면, 우리는 아마 곤경에 처할거야.
3. 제 비서가 마이클은 한 시간 후에 온다고 하던데요.

● '영어식 우리말'과 알맞은 접속사 생각해 보기

1. 우리가/결국/이겼다/because/팀이/애썼다/함께
2. Unless/우리가/끝내다/이 프로젝트를/오늘밤, 우리는/처할 것이다/곤경에
3. 내 비서는/말했다/that/마이클은/온다/한 시간 후에

🌸 보보샘 거들기

두 개의 절이 연결된 것은 중문(compound sentence)과 동일하지만, 연결 방식이 다르다는 것이 느껴지시지요? 1번의 경우, 이유를 나타내는 because나 as등을 써서 종속절을 만들면 되구요. 2번에서는 '~가 아니라면', 즉 if ~ not을 써도 되고, unless를 써도 되겠습니다. 3번의 경우는 위 두 문장들과 약간 다른데요. 위 세 문장들에서는 종속절이 모두 부사절이었습니다. 하지만 3번에서는 '말했다'의 목적어 자리에 종속절이 와야 합니다. 따라서 명사절을 이끄는 접속사 that을 써야 하는 것이구요.

● 영어표현 짚어보기

· 함께 애쓰다 work together
· (심각한) 곤경에 처하다 be in (serious) trouble
· 한 시간 후에 in an hour

┗ 영어로 뽑아내기

그럼, 이제 다 연결시켜 문장을 만들어 볼까요?

1. We finally won because our team worked together
2. Unless we finish this project tonight, we are in serious trouble.
3. My secretary said that Michael would come in an hour.

🌸 보보샘 거들기

1. 부사 finally는 꼭 동사 won 앞이 아니어도 큰 지장은 없습니다만, '승리했다'에 초점을

달인은 알고 있다!

콤마(,)도 하나의 글자!

복문에는 주절과 종속절, 두 개의 절이 필요하지요. 그런데 이 두 개의 절을 연결하는데 있어서, 콤마도 중대한 역할을 하게 됩니다.

We finally won because the team worked together.
Because the team worked together, we finally won.

주절을 앞에 두느냐, 혹은 종속절을 앞에 두느냐에 따라, 약간의 의미차이가 있을 수 있겠지요. 만약 주절을 앞세웠다면, 종속절 앞에는 콤마가 없고, 종속절로 시작했다면, 이어 나오는 주절 앞에는 반드시 콤마가 있어야 합니다.

맞춘다면 finally won이 보기 좋겠지요.

2. Unless로 시작하는 종속절을 만약 If절로 대체하게 되면, If we don't finish this project tonight…이렇게 되겠지요. 둘 다 좋습니다.

3. 주절은 My secretary said이고, that부터 끝까지가 종속절입니다. 주절이 과거시제이므로, 종속절의 시제도 과거로 맞추어 주어야 하기 때문에 (시제 일치), would come이 되는 것이지요.

11. 감키우기

● 아래의 우리말 문장을 영작해 보려고 합니다. 어떤 접속사를 쓰면 좋을 지 생각해 보고, Word Matchmaker를 참고하여 영작을 완성해 보세요.

1. 축구를 잘하진 못하지만, 나는 정말 축구하는 것을 즐긴다.
2. 불이 꺼져있었기 때문에, 심하게 어두웠다.
3. 내가 점심시간에 봤을 때, 그 세 명의 여학생 모두 햄버거 먹고 있었어요.
4. 날씨가 좋으면, 계획을 바꿀 수도 있어요.

Word Matchmaker

1. 잘하다 • — • be good (at sth),
   즐기다 • — • enjoy ~ing
2. 꺼져있다 • — • be switched off

3. 점심시간에 · · at lunchtime

4. 계획을 바꿀 수도 있다 · · may change plans

● 접속사 생각해 보기

1. although

2. because/as/since

3. when

4. if

● 영어로 뽑아내기

1. Although I am not very good, I really enjoy playing football.

2. Because the light was switched off, it was extremely dark.

3. When I saw them at lunchtime, all three girls were eating hamburgers.

4. If the weather is good, we may change our plans.

● 보보샘 거들기

1. '~이긴 하지만, ~일지라도' 라는 의미의 양보절을 이끄는 although가 필요하구요. 동사 enjoy는 뒤에 동명사를 목적어로 취하는 동사이므로 enjoy playing football

2. 이유를 나타내는 접속사가 필요하겠지요. 형용사 dark를 꾸며주는 부사로 extremely를 썼는데, very, absolutely 등의 부사도 가능하겠지요?

3. 시간을 나타내는 접속사 when이 쓰였구요. 주절에서는 '먹고 있었다'에서 알 수 있듯이, 진행형이 되어야 하기 때문에, were eating으로 연결하면 되겠습니다.

4. 조건절이므로, if가 필요합니다. If를 대체할 수 있는 In case나 as long as를 생각해 볼 수도 있겠습니다. 주절에서 '바꿀 수도 있다' 는, 가능성을 나타내는 조동사 may 혹은 can이 적격이겠습니다.

III. 감살리기

● 아래의 내용을 잘 연결하여 영어일기를 완성하려고 합니다. 밑줄친 부분을 중심으로 '영작의 달인되기'를 완성해 보세요.

제목: 운 지지리 없는날

- 오늘 아침 늦게 일어나서, <u>회사 지각했고</u>…
- <u>사무실에 도착했을 때는</u>, 이미 회의가 시작되었고…
- 점심 시간에 동료들과 삼계탕을 먹으러 갔고…
- 점원이 삼계탕을 내게 건네주었을 때, <u>내가 그만 엎지르고 말았고</u>…
- 손을 데었고…
- <u>일끝나고 집에 오는 길에</u>, 버스에서 지갑 잃어버렸을 뿐이고…

└ 영작의 달인되기

Subject: A Terrible day!

It was a terrible day today.
First, I woke up late this morning, and was late for work.
_____, the meeting had already started.
Then during the lunch hour I went out to have Samkaetang with my colleagues. When the server passed the pot of samkaetang to me, _____.
I got burned on my hand!
However, those were just the beginning of the disaster. Can you imagine what happened next? _____, I had my purse stolen on the bus. What a terrible day!

🌸 보보샘 거들기

기본 문장의 골격이야 지켜주셔야겠지만, 다분히 형식이나 표현 면에서 자유로울 수 있겠습니다. 제가 사용한 표현과 문장구조를 정리해볼까요?

오늘 아침 늦게 late this morning

회사에 지각하다 be late for work

When I arrived at the office(과거 시제), the meeting had already started. (과거완료시제. Why? 도착한 것 보다 먼저 시작되었으므로)

손에 화상을 입다 get burned on one's hand

집에 오늘 길에 on my way home

지갑을 도둑맞다 have my purse stolen

정말 재수없는 날이야! What a terrible day! (what+관사+형용사-명사)

보보샘은 이렇게 영작했어요!

Subject: Terrible day

It was a terrible day, today.

First, I woke up late this morning, **and was late for work**. **When I arrived at the office**, the meeting had already started. Then during the lunch hour, I went out to have Samkaetang with my colleagues. When the server passed the pot of samkaetang to me, I spilled it. I got burned in the hand!

However, those were just the beginning of the disaster. Can you imagine what happened next? **After work, on my way home**, I had my purse stolen on the bus. What a terrible day!

이게 정말 한 문장?
종속절이 있는 중문쓰기 (Compound-complex Sentence)

1. 감잡기

열번 째 Brain을 장식할 문장의 구조는 '종속절이 있는 중문' (compound-complex sentence)입니다. 말 그대로, 두 개의 독립된 절을 연결하면서 동시에 종속절이 개입이 되는 경우입니다. 복잡할 것 같지요? 네..약간…ㅡ.ㅡ;;

하지만, 우리의 일상 대화를 살펴보면, 이런 복잡구조의 문장이 많다는 거지요. 예를 들어, '집에 오는 길에 갑자기 비가 쏟아져서, 마트에 들러 우산을 샀지만, 비가 그쳐버렸다.' 라는 문장을 생각해 보겠습니다.

앞 부분의 '집에 오는 길에 갑자기 비가 쏟아져서'는 이유 종속절이 되겠지요. 그리고 이어지는 두 개의 독립된 절은 but를 사이에 두고 연결이 되겠구요.

자, 백문이 불여일작(作, composition)입니다.^^

● 아래의 자연스러운 우리말 문장을 잘 보시고, '영어식 우리말'로 바꾸어보고, 어떤 접속사들을 써야할 지도 생각해 보세요.

1. Joe는 학교에 갔지만, Carl은 아파서 집에 남았다.
2. 네가 그를 좋아하지 않는 것은 잘 알겠는데, 그건 전혀 상관이 없어.

3. 지금 저기 책 읽고 있는 애가 내 조카딸인데, 곧 시집가요.

● '영어식 우리말'과 알맞은 접속사 생각해 보기

1. Joe는/갔다/학교에/but/ Carl은/남았다/집에/since/(그는)/아프다
2. (나는)/안다/that/네가/좋아하지 않는다/그를/but/그건/상관없다/전혀
3. 애가/who/읽고 있다/책을/저쪽에서/내 조카딸이다/and/ (그애가)/시집갈 것이다/곧

보보샘 거들기

하나의 문장에 접속사가 두 개 이상 등장하지요? 1번의 경우, 'Joe는 학교에 갔다'와 나머지 뒷 부분이 but로 연결되는 거구요. 뒷부분은 다시 이유를 나타내는 종속접속사 (since, because, as)가 필요한 상황입니다. 2번은, 일단 '~를 안다. 그러나, 그건 상관없다' 이 두 부분을 but로 연결하구요. 앞 부분을 보면, '알다'의 목적어로서 명사절이 필요한 상황입니다. 명사절을 이끄는 접속사 that이 필요한데, 이 경우는 생략도 가능하답니다. 3번의 경우는, 일단 두 개의 독립된 절로 이루어진 중문 구조. (저 애가 조카이고, 곧 결혼한다.) 이 때 앞 문장을 보게 되면, 저 애를 수식하는 형용사절(관계대명사절)이 필요하게 되는 것이지요.

● 영어표현 짚어보기

· 집에 남았다 remained at home
· 전혀 상관없다 does not matter at all
· 조카딸 niece

영어로 뽑아내기

그럼, 이제 다 연결시켜 문장을 만들어 볼까요?

1. Joe went to school, but Carl remained at home since he was sick.
2. I know that you don't like him, but it doesn't matter at al..
3. The girl who is reading a book over there is my niece, and she will get married soon.

🌱 보보샘 거들기

1. 시제는 모두 과거로 동일하게 해야겠지요. 이유 종속절에서 감춰진 주어 he 살리시구요.
2. 동사 know의 목적어로서 that으로 시작하는 명사절이 왔습니다.
3. 주어 The girl을 수식하는 부분을 잘 처리해주셔야 뒤탈이 없겠습니다. 관계대명사절로…

11. 감 키우기

◉ 아래의 우리말 문장을 주어진 접속사를 써서 영작해보고자 합니다. Word Matchmaker를 참고하여 영작을 완성해 보세요.

1. 슈퍼에 갈 때마다, Sally는 뭔가를 사고 싶어하지만, 난 항상 안 된다고 말하지. (whenever, but)
2. 비가 억수로 내림에도 불구하고, 아이들은 밖에서 놀고 있고, 아빠들은 바비큐 파티를 하고 있다. (although, and)
3. 그 남자가 내 차를 치고, 그냥 달아나 버려서, 난 정말 화가 난다. (because, and)
4. 아빠는 낚시를 가셨지만, 엄마는 쉬고 싶었기에 그냥 집에 계셨다. (but, as)

Word Matchmaker

1. ~때 마다 • — • whenever
2. 비가 억수로 오다 • — • rain heavily
   바비큐 파티하다 • — • have a barbecue
3. 정말 화가 난다 • — • be furious
   차를 치다 • — • hit one's car
   달아나다 • — • run away
4. 낚시가다 • — • go fishing

쉬다 • — • take a rest

영어로 뽑아내기

1. Whenever I go to the supermarket, Sally wants to buy something, but I always say no.
2. Although it is raining heavily, the kids are playing outside, and their fathers are having a barbecue.
3. I am furious because that man hit my new car and just ran away.
4. Dad went fishing, but Mom just stayed home as she wanted to take a rest.

보보샘 거들기

1. '~때마다'는 whenever라는 부사를 쓸 수 있습니다. 일상, 습관을 나타내는 문장이므로, 단순현재 시제가 좋겠지요.
2. '~에도 불구하고'를 although를 써서 만드신 후, 나머지 두 개의 절을 and를 사용해서 묶으면 되겠네요. 시제는 역시 현재
3. '화가 난다'는 표현은 물론 I am angry도 가능합니다. furious 하면, 얼굴이 벌겋게 달아 오르고, 머리에서 연기가 날 정도로 화가 났다는 얘기가 되겠지요.
4. 우리 엄마, 아빠를 my mom, my dad라고 표현할 수도 있구요. 대문자로 시작하는 Mom, Dad도 가능하답니다.

III. 감살리기

● 아래의 이메일 중 밑줄 친 우리말 부분을 영작하려고 합니다. '영작의 달인되기'를 완성해보세요.

From: Jina Park
To: Catherine Thomas
Subject: Meeting Agenda

Attached is the agenda for this afternoon's meeting. In order to save time, I have asked everyone involved to review all the information regarding the contract. 각각의 회의 항목을 검토하시고, 혹 제가 빠뜨린 게 있으면 알려주십시오. 제가 생각하기에 오늘 회의는 평소보다 좀 오래 걸릴 수도 있습니다만, 12시 전에는 끝날 겁니다. Thank you for your cooperation.

영작의 달인되기

Attached is the agenda for the meeting of this afternoon. In order to save time, I have asked everyone involved to review all the information regarding the contract. Please review each agenda item, if I have overlooked anything. I think that our meeting today may last longer than usual, _____.

보보샘 거들기

우리말 첫번째 문장 구조의 핵심은, 〈명령문으로 두 문장을 만들어 연결할 것. 두 번째 문장에는 if절이 연결되어 있음〉입니다. – 검토하라 (and) 알려달라(혹 빠뜨린게 있으면)

두번째 문장 구조의 핵심은, 〈'내가 생각한다'를 주절로 하여, 나머지는 that절 안에 목적어로 집어 넣으면 OK! That절 안의 두 문장은 but으로 연결시킴〉입니다. – 내가 생각한다(회의가 오래 걸린다, but 12시 전에 끝날 것이다.)

🌟 보보쌤은 이렇게 영작했어요!

Attached is the agenda for this afternoon's meeting. In order to save time, I have asked everyone involved to review all the information regarding the contract. Please review each agenda item **and let me know if I have overlooked anything**. I think that our meeting today may last longer than usual, **but will be finished before noon**.

Thank you for your cooperation.

오늘 오후 회의 일정 첨부합니다. 시간을 아끼기 위해서, 이미 관련된 모든 사람들에게 계약에 관한 모든 내용을 검토하도록 지시하였습니다. 각각의 회의 항목을 검토하시고, 혹 제가 빠뜨린 게 있으면 알려주십시오. 제가 생각하기에 오늘 회의는 평소보다 좀 오래 걸릴 수도 있습니다만, 12전에는 끝날 겁니다. 협조해 주셔서 감사합니다.

보 보샘의 소소한 영어 이야기

긴 문장과 짧은 문장

저는 대학 때 학내 영자신문 기자 생활을 시작하면서, 기사 작성을 위해 영작을 시작했는데요. 기사를 작성하다 보면, 자꾸 문장이 길어지는 일이 생깁니다. 영어로 문장을 쓰기에 급급했었던 지라, 앞뒤 문맥에 맞게 효율적으로 문장의 길이를 활용하는 법을 몰랐던 Cub reporter(수습)의 비애라고나 할까요… 그렇게 늘어지는 문장을 들고, 영어감수를 해주시는 교수님들을 방문하고 나면, 결국 빨간 사인펜으로 그 긴 문장들이 깔끔히 정리되어 나오곤 했었습니다. 불필요하게 길게 늘어지는 문장이 짧고 간결한 두 서너 개의 문장으로 수정될 때도 있고, 뚝뚝 끊어지는 듯한 느낌의 간간한 문장들이 물 흐르듯 세련된 문체의 장문으로 바뀌는 경우도 있었지요.

글을 잘 쓴다는 것의 기준은 여러 가지가 있겠지만, 정보를 제공하는 기사나 설명문과 같은 쟝르의 경우, 한 영어 문장의 평균 길이가 15~20단어 정도라고 합니다. 특히 인터넷 게시물의 경우에는, 더욱 더 문장의 경제성이 강조가 되겠지요. 사람들은 Scroll bar 내리는 것도 귀찮아 하기 때문에, 간결하고 확실하게 정보를 전달해야 하니까요. 즉, 우리가 알게 모르게 갖고 있는 영어 문장을 길게 써야만이 '영작의 달인' 대열에 오를 수 있다는 생각은, 미련없이 잊어주는 것이 옳을 것 같습니다.

진정한 영작의 달인 포스는 긴 문장과 짧은 문장을 적절히 조화시켜 글을 완성해내는 능력이 아닐까 싶습니다. 실제로 긴 문장 속에 숨어있는 하나의 짧은 문장은, 읽는 사람으로 하여금 강한 인상을 심어줄 수 있습니다. 따라서, 강조하고자 할 때에는, 짧은 문장이 효과가 좋습니다. 예를 들어, 다음 두 문장을 비교해 보시겠습니다.

"This is an important notice, and you should read it carefully."
이 글은중요한 공지이므로, 주의깊게 읽어주십시오.
"This is an important notice. You should read it carefully."
이 글은 중요한 공지입니다. 주의깊게 읽어주십시오.

어느 쪽이 더 강력한 힘이 느껴지시나요? 접속사를 이용해 두 개의 절을 하나로 묶은 첫 번째 문장 (중문) 보다는, 두 개의 독립된 짧은 문장으로 구성한 두 번째 문장이 더욱 힘이 있어 보이지요? 영작의 달인이라면, 때론 길게, 때론 짧게, 문장이 갖는 Power까지도 생각할 수 있어야겠습니다.

 ## '우리말' 껍질 깨기?
영어스러움을 위하여…

1. 감잡기

　지금까지 기본 영어 문장 구조와 관련된 얘기를 해봤습니다. 기본적으로 주어와 동사의 선정이 매우 중요하구요. 나머지 구성 요소들을 적절한 위치에 알맞은 어휘를 사용해서 연결하는 능력이 곧 '영작문의 달인'이 갖추어야 할 덕목이 되겠습니다. 또한, 단일 문장이 아니라, 중문이나 복문, 그리고 이 둘을 합친 복잡다단한 구조로 갈 경우에는 더더욱 교통정리를 잘 할 필요가 있겠지요.

　그런데, 중요한 것이 있습니다. 우리말 문장을 영작하려고 마음을 먹는 순간, 우리말의 느낌을 '영어스러운 느낌'으로 순간 전환하는 능력이 필요하다는 것입니다. 우리말을 있는 그대로 영작을 하는 바람에, 대략난감, 무용지물의 영어 문장을 얻으신 경험들이 다들 있으실 겁니다. 언어라는 것이 사용하는 사람의 생각이나 문화까지 담고 있기 때문에, 분명 같은 사실을 문장으로 쓴다고 해도, 우리들의 느낌과, 영어 원어민 들의 느낌은 얼마든지 다를 수 있겠지요.

　Brain의 마지막을 장식할 11장에서는, 이런 '영어스러움'에 대해 이야기해보겠습니다. 물론 다 얘기할 수는 없고, 정말 이것만큼은 알고 계셔야, 영작인의 삶이 고달

프지 않을 것들만 이야기하도록 하겠습니다. 앞선 열 개의 Brain에서 이미 은연중에 짚어본 부분들이니, 부담갖지 마시고, 이런 느낌이구나 느끼신 다음 이걸 더 확대해 나갈 궁리를 해보시기 바랍니다.

1. 문장의 첫단추 – 주어

모든 문장엔 주어가 있기 마련인데요. 간혹 우리말 상황에서 주어가 드러나지 않는 경우가 있지요. 또 주어가 있다 하더라도, 영작을 할 경우, 우리말 주어를 그대로 가져가는 것이 아니라, 대체 주어를 생각해야 하는 경우도 있구요. 즉, 알맞은 주어찾기가 반듯한 영어 문장을 지어내는 지름길이라는 말씀!

보수 공사는 내일까지 끝낼 수 있을 거에요.
We will be able to finish the renovation by tomorrow.
학교에서 집까지 거리가 적어도 5km는 될 걸!
It should be at least 5 kilometers from the school to my house.
밤에는 여기 되게 어두워져.
It gets very dark here at night.

2. 어색하지만 '소유' 해 주세요! ? have의 무궁무진 활용의 세계

우리말 문장 '~이 있다' 의 경우, '소유' 의 개념으로 전환하면서 영작이 이루어지는 경우가 많습니다. 즉 우리말로 굳이 '소유' 로 표현하면 참으로 어색하기 짝이 없지만, 영어에서는 have 동사 하나면, 아주 많은 존재나 소유 관련 이야기를 할 수 있답니다. 정말 다양한 문장에서 활용이 가능합니다.

제겐 여섯 살 난 딸이 하나 있습니다.
I **have** a six-year old daughter.
제가 선약이 좀 있어서요.
I **have** a previous engagement.

우리동네에는 극장이 하나도 없어요.
We don't have any theater in our town.
그 학교는 학생 수가 5000명이나 돼요.
The school **has** as many as five thousand students.

3. '사물'님께서… ? '사물'의 주어자리 넘보기

우리말에서는 사물이 주어가 되어 능동적인 행위를 하는 경우는 특별한 경우를 제외하고는 좀 어색한 경우가 대부분입니다. '우리집에는 방이 세 개야' 라는 문장의 경우, 우리말로는 '우리집은 세 개의 방을 소유하고 있지' 가 되어 상당히 어색하지만, 영어로는 Our house has three rooms가 되어 아주 바람직한 문장이 된답니다.

계속 내리는 비 때문에, 난 주말 내내 실내에만 있었다.
The continuous rain forced me to stay indoors over the weekend.
표지판에 아직 목적지까지 3마일 남아있다고 나온다.
The sign says that we still have three miles left before our destination.
작곡을 통해서 난 내 생각을 음악으로 표현할 수 있다.
Writing songs enables me to express my thoughts through music.

4. 품사의 국경을 넘어 (전치사, 형용사 활용)

영작하려는 우리말 단어의 품사에 너무 연연하는 것도 좋은 영작습관은 아닙니다. 우리말에서는 동사로 표현되었다 할 지라도, 영어에서는 형용사나 전치사 등으로 표현해줄 수도 있고, 또한 우리말에서는 목적어까지 딸린 제법 긴 문장이었는데, 의외로 동사 하나로 해결될 수 도 있구요. 즉 영어문장 구조에 관한 기본골격을 바탕으로, 유연하게 우리말과 영어의 느낌을 넘나드는 센스가 필요한 것 같습니다. 물론 비원어민으로서 이런 센스가 그냥 얻어지는 것은 아닙니다만, 그렇다고 아주 불가능한 것만도 아닙니다. 양질의 영어문장을 자주 접하고, 우리말의 느낌과 접목시켜보는 훈련을 하신다면요…

집에 돌아오는 길에, 편의점에 들러 인스턴트 식품을 좀 샀다.

On my way back home, I dropped by a convenient store to buy some junk food.

빨간색 옷을 입은 여자가 저에게 걸어오고 있었어요.

A woman **in red** was walking toward me.

그들은 하루벌어 하루 먹고 살아요.

They lived **from hand to mouth**.

11. 감키우기

● 아래의 우리말 문장을 영작해 보려고 합니다. 밑줄친 부분과 Word Matchmaker를 참고하여 자연스러운 영어 문장으로 완성해보세요.

1. 우산없이 비 맞으며 걸어본 적 있어?
2. 샐리 전화번호 있어? 그 애 책이 나한테 있는데…
3. 극심한 두통 때문에, 어젯밤 밤 새 한 숨도 못잤어요.
4. 전 오늘 해산물이 땡기는데요.

Word Matchmaker

1. 비맞으며 걷다 • • walk in the rain
2. ~이 ~에게 있다 • • have sth with sb.
3. 극심한 두통 • • a severe headache
   한 숨도 못자다 • • keep sb. awake
4. ~이 땡긴다 • • in the mood for sth.

📝 영어로 뽑아내기

1. Have you ever walked in the rain without an umbrella?

2. Do you have Sally's phone number? I have her book with me.
3. A severe headache kept me awake all night last night.
4. I'm in the mood for seafood today.

🌸 보보샘 거들기

1. 우리말 주어가 나와 있지 않더라도, 상대방(2인칭)에게 물어보는 말이란 걸 다 아시겠지요? 경험을 물어보기 위해서 have + p.p.를 ever라는 부사와 함께 사용했구요.

2. 우리말의 '있다'가 영어에서는 종종 '가지다'의 have로 바뀌게 되지요. '샐리 전화번호 있어?' 이 얘기는 '당신은 샐리의 전화번호를 갖고 있느냐?'의 의미일테니까요. '그 책 나한테 있는데'도 마찬가지로 '내가 그 책 가지고 있는데.'의 의미로 영작하시면 되겠습니다.

3. 물론 우리말 그대로 '~때문에'를 because를 써서 영작하실 수도 있겠습니다. 그럴 경우, 복문이 되어, 두 개의 절이 필요하겠지요. 앞서 말씀드린대로 영어에서는 사물이 주어로 쓰이는 물주구문이 전혀 이상한 것이 아니기 때문에, '극심한 두통이 날 밤새 깨어있게 했다'라고 주어, 동사, 목적어, 목적보어로 구성된 깔끔한 문장을 만들어 볼 수도 있겠습니다.

4. '~가 땡긴다' 이걸 동사로 표현하겠다 마음을 먹으면, 우선 want to가 생각나겠지만, 웬지 어감이 살지 않지요. 동사표현을 꼭 동사로 영작해야 한다는 생각을 버리신다면..'be in the mood for…'를 생각해볼 수 있을 것 같습니다.

III. 감살리기

● 아래의 짧은 대화를 주어진 어휘를 활용하여, '영작의 달인되기'를 완성해보세요.

Kate Jessie James에 관한 슬픈 소식 들었어? (hear)
Jane 응. 아프다고 들었는데.
Kate 아니, 그보다 더 안좋은 얘긴데…(worse) 한 시간 전에 돌아가셨대.

Jane 오…. 저런…. 유감이군(sorry). 훌륭한 감독이었는데 그의 영화덕분에 많은 사람들이 자신의 삶과 꿈을 생각해보곤 했잖아. (make)

Kate 그러게. 기사에 따르면 (say), 입원할 때 까지도 바쁘게 일을 했었다는 군.

영작의 달인되기

Kate <mark>Have you heard the sad news</mark> about Jessie James?

Jane Yeah. I heard that he was ill.

Kate No, _____. He passed away about an hour ago.

Jane Oh, no, _____. He was a great director. _____ people think about their own lives and dreams.

Kate Yes. _____ that he had been on the go until he was hospitalized.

보보샘 거들기

대화 전반적으로 주어가 많이 빠져있습니다. 영작을 하실 때에는 알맞은 주어를 먼저 생각해 보는 것이 중요하지요. '그보다 더 안 좋은 얘긴데.'의 감춰진 주어는 '소식'이므로 대명사 it으로 처리하면 좋겠구요. '그의 영화덕분에…'를 말 그대로 "Thanks to his movies…"하셔도 좋습니다. 여기서는 물주구문으로 한 번 표현해봤습니다. '기사에 따르면'은 'According to the news'라고 해도 좋구요. 'The news said…'라고 해도 자연스럽습니다. 마지막에 'be on the go'라는 표현은 '바쁘게 활동한다'라는 뜻입니다.

보보샘은 이렇게 영작했어요!

Kate **Have you heard the sad news** about Jessie James?

Jane Yeah. I heard that he was ill.

Kate No, **it's worse than that**. He passed away about an hour ago.

Jane Oh, no, **I am so sorry to hear that**. He was a great director. **His movies made** people think about their own lives and dreams.

Kate Yes. **The news said** that he had been on the go until he was hospitalized.

Chapter 02

Pattern도 결국
구조(Structure)랍니다.

외우지 말고 만들어 볼까요?

Chapter 02

골격이 되는 영작

rame Writing

골격(Frame)이 되는 영작 편에서는 여러 유용한 패턴(Pattern)을 다루고 있다. Brain에서 학습한 기본적인 문장 구조를 바탕으로 그 위에 다양한 패턴을 입혀 다채로운 영작 표현이 가능할 수 있도록, 25개의 영작 패턴과 5개의 기본동사 활용을 총 30개의 Frame으로 구성하였다. 각 Frame은 칼숨먹기, 통뼈만들기의 두 단계를 거쳐 소개되고 있다.

Frame 1 There is something about Mary.

메리에겐 뭔가 특별한 것이 있다.

1. 칼슘먹기

'메리에겐 특별한 것이 있다' 라는 제목으로 1998년에 흥행했던 영화의 원제목이 바로 'There is something about Mary' 였지요. 직역을 하자면, '메리에게는 무언가가 있다.' 는 말인데, 이처럼 사물이나 사람을 처음 언급하면서 '무엇 무엇이 있다' 를 말할 때, 'There is /are' 구문을 활용하면 깔끔하게 정리가 됩니다.

> **Pattern Note 1**
>
> "무엇 무엇이 있다."는 주어 (무엇무엇)+동사 (있다)의 순서가 아닌, "There is/are…"를 맨 앞에, 주어를 뒤에, 그리고, 나머지 수식어구를 배열하는 순서이다. 이 때 be동사는 뒤에 나오는 주어의 수에 일치시킨다. be동사 뿐 아니라, 조동사나 몇몇 일반 동사들도 there와 함께 쓰여, 여러 가지 유용한 구문을 만들어 낸다.

● 다음 우리말 문장의 표시된 부분이 영어 문장에서 어떻게 바뀌었는지 해당 부분에 밑줄을 그어 보세요.

1. There와 be동사
그 점에 대해서는 의심의 여지가 없는데요.

세상엔 다양한 사람들이 있어요.
Pearl이라는 이름의 공주가 있었어요.
경고 표시가 전혀 없었어요.

- There is no doubt about it.
- There are various types of people in the world.
- There was a princess whose name was Pearl.
- There were no warning signs at all.

There is no doubt about it.
There are various types of people in the world.
There was a princess whose name was Pearl.
There were no warning signs at all.

2. There와 조동사
그 아이 생일 파티에 사람들 많을 거야.
계획에 급격한 변화가 있었지요.
이 지역에 예전에 극장이 하나 있었어요.
우리집에 틀림없이 담요가 하나 더 있을거야.

- There will be many people at his birthday party.
- There has been a dramatic change of plan.
- There used to be a theater in this area.
- There must be another blanket in my house.

There will be many people at his birthday party.
There has been a drastic change of plans.

There used to be a theater in this area.

There must be another blanket in my house.

3. There와 기타 동사

옛날에, 마가렛이라는 이름의 한 작은 소녀가 살았어요.

품질면에서 여전히 약간의 미미한 문제들이 남아 있습니다.

3조와 4조는 솔직한 의사소통이 부족한 것 같아요.

그만두고 싶어하는 사람들이 많은 것 같다.

└ Once upon a time, there lived a little girl whose name was Margaret.

└ There still remain some minor problems in quality.

└ There seems to be a lack of candid communication about the group 3 and 4.

└ There appear to be a lot of people who want to quit.

Once upon a time, there lived a little girl whose name was Margaret.

There still remain some minor problems in quality.

There seems to be a lack of candid communication about the group 3 and 4.

There appear to be a lot of people who want to quit.

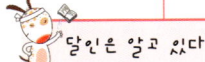

There is a cat (over) there!

There is구문의 there는 우리말에서는 전혀 표시가 나질 않습니다. '고양이 한 마리가 있다'를 영작할 경우, 'There is a cat'가 되면서, 사실상 There는 의미 없이 자리만 차지하고 있는 셈이지요. 그래서, '거기 (저기)에 고양이 한마리가 있어.'를 영작할 때에는, 그야말로 존재감있는 또하나의 there가 필요하게 됩니다.

There is a cat over there! 저기에 고양이 한 마리가 있다.

똑같은 두 개의 there가 나왔지만, 분위기가 많이 다르지요? 그리고, '저기에'는 over there라고 해주면 구어적으로 적절한 표현이 됩니다.

🌱 보보샘 거들기

There is/are 구문은 도치 구문이라고 보시면 이해가 빠릅니다. 원래 there는 부사이기 때문에 오히려 문장 뒤쪽에 위치해야 하는데, 그 부사가 앞으로 나오면서, 주어, 동사가 도치가 되어, 〈There+동사+주어〉의 순서가 되는 거지요.

11. 통뼈만들기

앞서 배운 Pattern과, Word Matchmaker를 참고하여, 영작을 완성해 보세요.

1. 그의 죽음 이후 인종 차별은 없었다.
2. 그의 난초에 대한 열정에는 한계가 없는 것 같다.
3. 여기서 그 식당엘 가는 방법은 여럿 있다.
4. 당신의 무죄를 증명할 기회가 있을 지 몰라.

Word Matchmaker

1. 인종 차별   • — •   racial discrimination
2. 난초   • — •   orchid
3. ~에 가다 (도착하다) • — • get to~
4. 증명하다   • — •   prove
   무죄   • — •   innocence

보보샘 거들기

2. limit to sth. 무엇에 있어서의 한계   ~인 것 같다. There seems to be ~
3. "방법은 여럿 있다" → "여러 방법들이 있다" → There are many ways
4. ~있을 지 몰라 There might be~

보보샘은 이렇게 영작했어요…

1. There was no racial discrimination after his death.
2. There seems to be no limit to his passion for orchids.
3. There are many ways to get to the restaurant from here.
4. There might be a chance to prove your innocence.

Frame 2 Feel so good.
느낌이 아주 좋아요!

1. 칼슘먹기

Chuck Mangione의 'Feel so good' 이라는 재즈선율은 오랜 세월 동안 많은 사람들로부터 사랑을 받고 있지요. 그야말로 듣고 있노라면, 저절로 feel so good이 되는 연주곡인 것 같습니다. 아름다운 선율도 선율이지만, 제목을 보고 있자니, 생략된 주어와 함께 동사, 보어 (형용사)로 구성된 문장 구조를 보여주고 있네요.

Pattern Note 2

Linking verb (연결동사)는 말 그대로 주어와 술어 부분을 연결하는 동사로서, 명사 혹은 형용사와 함께 쓰여, 주어의 상태나 상황, 감각등과 관련한 자연스러운 표현을 가능하게 해준다.

Feel, taste, smell, sound, look 등의 감각을 나타내는 동사들과 be, become, appear, seem, turn, grow, remain, stay 등의 상태/변화를 나타내는 동사들이 해당된다.

● 다음 우리말 표시된 글씨 부분이 영어 문장에서 어떻게 바뀌었는지 해당 부분에 밑줄을 그어보세요.

1. 감각형 linking verb

스튜에서 좀 매운 냄새가 난다.

전화상으로는 톰 목소리가 많이 아픈 것 같던데.

내게 사랑은 너무 써.

이제 기분이 좀 괜찮아요?

- The stew smells a little spicy.
- Tom sounded very ill on the phone.
- Love tastes so bitter to me.
- Do you feel any better now?

The stew <u>smells</u> a little <u>spicy</u>.

Tom <u>sounded</u> very <u>ill</u> on the phone.

Love <u>tastes</u> so <u>bitter</u> to me.

Do you <u>feel</u> any <u>better</u> now?

2. 상태/변화형 linking verb

어버지께서는 수술 후에 많이 야위셨다.

당신은 묵비권을 행사할 수 있다.

규칙적인 스트레칭은 만성디스크에 효과가 있어보인다.

나는 누군가에게 말을 할 때마다 얼굴이 빨개진다.

- My father became thin after the surgery.
- You have the right to remain silent.
- Regular stretching appears effective for chronical backaches.
- I turn red whenever I speak to someone.

My father <u>became thin</u> after the surgery.

You have the right to <u>remain silent</u>.

Regular stretching <u>appears effective</u> for the chronical backache.

I <u>turn red</u> whenever I speak to someone.

보보샘 거들기

우리말 문장을 보면 영작하기가 쉽지 않게 느껴지지만, 'linking verb+형용사'의 패턴을 알고 나면, 너무도 간단하게 해결이 되는 문장들입니다. 감각을 나타내는 동사의 경우, 어떤 소리가 들린다, 맛이 난다, 보인다, 느껴진다 등등의 의미를 만들 수 있고, 상태/변화를 나타내는 동사의 경우, 어떠한 상태이다, 어떻게 변하다, 되다, 보이다 등의 의미가 만들어집니다. 군더더기 없는 linking verb의 매력에 좀 더 빠져보시지요.

11. 통뼈만들기

각각의 우리말 문장에 주어진 linking verb와 Word Matchmaker를 참고하여, 영작을 완성해보세요.

1. 너 오늘 피곤해 보인다. (look)
2. 꽉막힌 지하실에는 나쁜 냄새가 난다. (smell)
3. 당신의 제안은 꽤 근사해 보이기는한데, 실현가능성이 없어 보이네요. (seem)
4. 냉정을 잃지않고, 스트레스를 줄이는 최고 좋은 열가지 방법은 다음과 같다. (stay)

Word Matchmaker

1. 피곤한 •—• tired
2. 꽉 막힌 •—• stuffy
   지하실 •—• basement

3. 비현실적인   •   •   impractical
4. 침착한   •   •   calm
   가장 좋은 열 가지 방법   •   •   the ten best ways

보보샘 거들기

1. tired는 형용사의 기능을 하는 과거분사입니다.
2. 주어를 The air로 하시고, '꽉 막힌 지하실'을 형용사구로 만들어 뒤에 붙입니다.
3. 동사 seem에 형용사 nice와 impractical이 걸리구요. pretty는 '꽤' '제법' 이라는 부사입니다.
4. '어떤 상태를 유지하다' 는 뜻의 linking verb stay와 calm (침착한)이라는 형용사를 연결해서 to부정사로 묶어서 the ten best ways를 수식하도록 만들어 줍니다.

보보샘은 이렇게 영작했어요…

1. You look tired today.
2. The air in this stuffy basement smells bad.
3. Your proposal seems pretty nice, but impractical.
4. The ten best ways to stay calm and reduce stress are as follows.

Frame 3 I want to know…
난 알고 싶어요…

1. 칼슘먹기

"I wanna (want to) know what love is…"

아주 오래 전 노래이긴 하지만, 80년대 pop에 익숙한 분들이라면, Foreigner라는 Rock Band가 부른 이 노래를 흥얼거릴 지도 모르겠습니다. 사랑이 무엇인 지 알고 싶다는 얘기지요… 응용을 해본다면, I would like to know… I need to know… I hope to know…등등 비슷한 형태의 문장들을 많이 만들어 볼 수 있답니다.

Pattern Note 3

to부정사를 목적어 자리에 두어 '~를 ~하다'는 문장을 만들어내는 동사들이 있다. 동사를 목적어로 활용할 수 있는 효과적인 방법중의 하나다.

afford to, agree to, aim to, arrange to, claim to consent to, decide to, determine to, deserve to, fail to, hesitate to, hope to, learn to, manage to, mean to, pretend to, proceed to, plan to, promise to, refuse to, resolve to, seem to, wish to, want to, etc.

● 다음 우리말 문장의 굵은 글씨 부분이 영어 문장에서 어떻게 바뀌었는지 해당하는 부분에 밑줄을 그어 보세요.

파티에서 여러분 모두 만나뵙기를 희망합니다.
그들은 새 복사기를 사기로 결정했다.
그 도시는 또 하나의 놀이공원을 짓기로 계획했다.
그는 우리 프로젝트팀에 합류할 것을 거절했다.

I hope to meet all of you at the party.
They decided to buy a new copy machine.
The city has planned to build another amusement park.
He refused to join our project team.

I <u>hope to meet</u> all of you at the party.
They <u>decided to buy</u> a new copy machine.
The city <u>has planned to build</u> another amusement park.
He <u>refused to join</u> our project team.

● 아래의 우리말 문장을 영작하려고 합니다. 밑줄친 부분을 중심으로 완성해 보세요.

해외 여행을 하려면, 비자 <u>신청을 할 필요가 있습니다</u>.
샐리는 친구를 사귀는 <u>능력이 있는 것 같습니다</u>.
로저 박사는 노벨상을 <u>탈 자격이 된다</u>.
혼자 <u>자기</u> 싫어요.

You need to apply for a visa to travel abroad.
Sally _____ the faculty for making friends.

달인은 알고 있다!

Your car needs washing! 세차 좀 해야겠는걸.

'(네 차) 세차 좀 해야겠다'를 영작할 때, 아마도 You need to wash your car를 많이 떠올릴 것 같습니다. 물론 틀린 말은 아니지만, 'need to'는 '~해야한다'는 의미가 강해서, 상대방에게 의무를 지우는 표현이 되므로, 이럴 때는 사물주어 your car를 활용해서 문장을 만들면 훨씬 부드럽게 표현할 수 있겠습니다.

Your car needs washing.
(= Your car needs to be washed.)
Your car needs to wash. (X)

need to가 능동(~할 필요가 있다)인 반면에, '수동'의 의미일 때에는 need에 동명사가 따라옵니다. 즉, to부정사로 표현하자면 'to+be+p.p.'가 되는 것이지요.

└ Dr. Rogers _____ the Nobel Prize.
└ I _____ alone.

You <u>need to apply</u> for a visa to travel abroad.
Sally <u>seems to have</u> the faculty for making friends
Dr. Rogers <u>deserves to win</u> the Nobel Prize.
I <u>don't want to sleep</u> alone.

보보샘 거들기

우리말 문장을 보게 되면, 모두 두 개의 동사가 하나의 '동사구'로서 연결되어있지요? 예를 들어, '사기로 결정했다'거나, '짓기로 계획했다'거나, '합류할 것을 거절했다'거나…

이처럼 동사가 동사의 목적어가 되어야 하는 경우, 위에서 보신 경우와 같이 to부정사로 만들어 붙이게 되면, 아주 깔끔한 영어문장이 만들어집니다. 따라서 이렇게 쓰이는 동사들을 잘 익혀두시는 것이 영작의 달인으로 가는 지름길이라 할 수 있겠습니다.

11. 통뼈만들기

앞서 배운 Pattern (동사 + to부정사)과, 주어진 동사를 활용하여 영작해보세요.

1. 질문이 있으면, 주저 말고 저에게 연락하세요. (hesitate, contact)
2. 그들은 아이들을 키울 여력이 안 된다. (can afford, have)
3. 나는 길에서 우연히 브리트니 스피어스를 봤다. (happen, see)
4. 대부분의 학생들이 그 과정을 끝내지 못했다. (fail, finish)

보보샘 거들기

1. 'Do not hesitate to~' '주저말고 ~하라' 는 내용을 영작할 때 많이 쓰이는 표현이지요. 각종 문서나 웹페이지에서도 많이들 보셨을 겁니다.
2. 'can afford to~' '~할 여유가 된다'
   아이를 키우는 것은 결국 아이를 갖는 것이므로 동사 have로 하면 무난할 것 같습니다.
3. 'happen to~' '우연히 ~하다'
4. 'fail to~' '~하는 것을 실패하다, 못하다'

보보샘은 이렇게 영작했어요

1. Don't hesitate to contact me if you have any questions.
2. They can't afford to have children.
3. I happened to see Briteney Spears on the street.
4. Most of the students failed to finish the course.

Frame 4 Keep smiling, Keep shining!
항상 밝게 웃으세요!

1. 칼슘먹기

'Dionne Warwick와 친구들'이 부른 That's what friends are for 라는 노래가 있습니다. 친구가 있는 이유, 즉 '그게 바로 친구인거죠' 쯤의 의미가 될텐데요. 이 노래의 후렴구에 보면, Keep smiling, keep shining knowing you can always count on me라는 가사가 나옵니다. '나에게 항상 기댈 수 있다라는 것을 잊지 말고, 항상 밝게 웃어'의 의미가 되겠지요. 이때, Keep smiling, Keep shining을 보면 동사 keep 뒤에 동명사 smiling과 shining이 옵니다.

자, 이번 frame에서는 동사를 목적어 자리에 앉히기 위해서, 앞서 익히신 to부정사와는 달리 동명사로 만들어서 사용하는 경우들을 살펴보겠습니다.

> **Pattern Note 4**
>
> 동명사를 목적어 자리에 두어 '~를 ~하다' 라는 문장을 만들어내는 동사들이 있다. to부정사와 더불어 동사를 목적어 자리에 놓을 수 있는 방법 중의 하나다.
>
> admit -ing, advise -ing, avoid -ing, consider -ing, delay -ing, deny -ing, enjoy -ing,

> finish -ing, give up -ing, keep -ing, mind -ing miss -ing, postpone -ing, put off -ing, quit -ing, suggest -ing, resist -ing, etc.

● 다음 우리말 문장의 표시된 부분이 영어 문장에서 어떻게 바뀌었는지 해당 부분에 밑줄을 그어보세요.

그는 주말마다 딸을 위해서 요리하는 것을 즐긴다.
사우디아라비아는 이라크에 군대를 파견할 것을 고려중이다.
니코틴 대체물 없이도, 담배를 끊을 수 있습니다.
어제 내 웹사이트 구축을 마쳤다.

He enjoys cooking for his daughter every weekend.
Saudi Arabia is considering sending troops to Iraq.
You can quit smoking without using a nicotine replacement.
I finished building my website yesterday.

He <u>enjoys cooking</u> every weekend.
Saudi Arabia <u>is considering sending</u> troops to Iraq.
You <u>can quit smoking</u> without using a nicotine replacement.
I <u>finished building</u> my website yesterday

● 아래의 우리말 문장을 영작하려고 합니다. 밑줄친 부분을 중심으로 완성해 보세요.

요즘 커플들은 여러가지 이유로 <u>아이 갖는 것을 미루고 있습니다</u>.
나는 하루종일 그 노래 <u>부르는 걸 멈출</u> 수가 없었다.
미끄러운 도로에서는 <u>운전을 삼가도록</u> 하세요.
그의 비서는 실수를 <u>저지른 것을 인정했다</u>.

Chapter 02 Frame **101**

- Nowadays, couples postpone having childrdren for many reasons.
- I couldn't _____ that song all day long.
- Try to _____ on slippery roads.
- His secretary _____ a mistake.

Nowadays, couples <u>postpone having</u> children for many reasons.

I couldn't <u>stop singing</u> that song all day long.

Try to <u>avoid driving</u> on slippery roads.

His secretary <u>admitted having made</u> a mistake.

보보샘 거들기

동명사는 동사에서 파생되어 나온 것이므로, 동사의 성격을 일정 부분 갖고 있습니다. 마지막 예문 '~ 실수를 저지른 것을 인정했다'를 보면, '인정했다' 보다 '실수를 저지른 것'이 먼저 발생한 일이므로, 동명사로 만들어 목적어 자리에 앉힐 때, 앞선 시제의 표현이 가능하도록 완료동명사 (having P.P)로 바꿔줄 필요가 있습니다. 그러니까 admitted making a mistake가 아니라 admitted having made a mistake로 해줘야 한다는 거지요. '완료동명사' 라는 이름을 갖고 있어 '현재완료' 처럼 느껴지지만, 이는 본동사의 시제 (admitted)와 차별화하기 위한 형태의 변화라고 보시면 좋겠습니다.

달인은 알고 있다!

동명사에도 주어가 필요하다면?

문장의 전체 주어와 동명사의 주어가 다를 경우에는 동명사 앞에 의미상의 주어를 표시해주어야 합니다. 표시하는 방법은 두가지! 일반명사일 경우는 목적격 또는 소유격, 대명사일 경우에는 소유격만으로 표시해줍니다.

He admitteted John having made a mistake.

He admitted John's having made a mistake.

He admitted his having made a mistake.

동명사의 주어와 문장의 주어가 일치하는 경우 (he)에는 따로 의미상의 주어를 신경쓸 필요가 없겠지요.

He admitted having made a mistake.

그는 (그 자신이) 잘못을 저지른 것을 인정했다.

11. 통뼈만들기

앞서 배운 Pattern (동사+ 동명사)과, 주어진 동사를 활용하여 영작해보세요.

1. 창문 여는 거 괜찮으세요? (mind, open)
2. 그는 내게 비밀 얘기한 것을 부인했다. (deny, tell)
3. Apple Street까지 계속 똑바로 가세요. (keep, go)
4. 동물 사진 찍는 것을 즐겨하시나요? (enjoy, take)

보보샘 거들기

1. '~하기를 꺼려하다' 라는 뜻의 mind와 opening을 연결하면, '여는 것을 꺼려하느냐' 즉 '열어도 괜찮겠느냐' 는 의미가 됩니다. 공손하게 표현하기 위해서 would로 시작하거나, Do you mind~라고 해도 좋겠습니다.
2. 비밀을 얘기한 시점은 실제로 그 사실을 부인한 시점보다 먼저였겠지요. 그래서 동명사 연결을 할 때 완료동명사 having told로 바꾸어 준 것이랍니다.
3. 상대방에게 하던 일을 계속해서 하라고 할 때도 "Keep going!" 이라고 말할 수 있습니다.
4. enjoy taking pictures 사진 찍는 것을 즐기다.

보보샘은 이렇게 영작했어요

1. Would you mind opening the window?
2. He denied having told me the secret.
3. Keep going straight until you get to Apple Street.
4. Do you enjoy taking pictures of the animal?

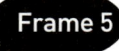 **(It is) Hard to say I am sorry.**
미안하다고 말하는 건 어려워요.

1. 칼슘먹기

그룹 Chicago의 Hard to say I am sorry라는 곡은 It's hard to say I am sorry에서 주어, 동사 It is가 빠진 상태의 문장입니다. '미안하다고 말하는 것은 어렵다.' 라는 거지요. 원래는 '미안하다고 말하는 것 (to say I am sorry)'이 주어 자리에 와야 했겠지만, 너무 길어진 관계로 뒤로 밀려버리고, 주어 자리에 가주어 it을 쓴 경우입니다. 그리고 이 주어 동사 (It is)마저 생략이 된 채로 노래의 제목으로 쓰인 것이구요.

Pattern Note 5

'It is 형용사 to부정사' '~하는 것은 ~하다'
to부정사가 진짜 문장의 주어 (진주어)이며, it은 빈 자리를 메꾸는 주어 (가주어)이다. 늘어지는 주어를 문장의 맨 앞에 놓지 않으려 만들어진 문장 구조.

이때, to부정사의 의미상의 실질 주어를 언급하고 싶다면 'for+목적격'의 형태로 to부정사 앞에 넣어준다.
It is difficult for me to solve this question. 내가 이 문제를 풀기는 어려워요.

● 다음 우리말 문장의 표시된 부분이 영어 문장에서 어떻게 바뀌었는지 해당 부분에 밑줄을 그어보세요.

우리 컴퓨터를 업그레이드하는 것이 필요합니다.
완벽하게 새로운 무언가를 만들어낸다는 게 가능합니까?
엄중히 지시 사항을 따르는 것이 중요합니다.
제 개인 정보를 지우는 것이 어려울까요?

It is necessary to upgrade our computer.
Is it possible to create something completely new?
It is important to follow the directions closely.
Will it be difficult to remove my personal information?

It is necessary <u>to upgrade our computer</u>.
<u>Is it possible</u> to create something completely new?
It is important <u>to follow</u> the directions closely.
<u>Will it be difficult</u> to remove my personal information?

● 아래의 우리말 문장을 영작하려고 합니다. 밑줄친 부분을 중심으로 완성해 보세요.

중국어를 배우는 게 <u>당신에게는</u> 유용할 겁니다.
<u>제가</u> 제 얘기를 하는 것이 쉽지 않군요.
<u>당신이</u> 그의 상황을 이해해주다니 사려가 깊으세요.
<u>Jonathan이</u> 그런 일을 하다니 바보 같군 그래.

It will be useful ___for you___ to learn Chinese.
It is not easy _____ to talk about myself.
It was thoughtful _____ to commend him about the situation.

It's foolish ▨▨▨▨▨ to do such a thing.

It will be useful <u>for you</u> to learn Chinese.
It is not easy <u>for me</u> to talk about myself.
It is thoughtful <u>of you</u> to commend him about the situation.
It's foolish <u>of Jonathan</u> to do such a thing.

🐾 보보샘 거들기

우리말 문장의 주어자리를 차지하고 있는 부분을 to부정사로 만들어서 문장의 뒷 부분에 놓게 됩니다. 그리고 가주어와 동사 it is(was/will be) 등으로 문장을 시작하게 되지요. 이 과정에서 to부정사의 진짜 주어를 만들기 위해서 for뿐만이 아니라 of가 쓰인 걸 볼 수 있습니다. It is 뒤에 오는 형용사가 사람의 품성과 관련될 경우 for가 아닌 of를 쓰게 되는 것이지요. kind, wise, nice, clever, foolish, stupid, thoughtful, gentle, careful 등의 형용사들이 해당됩니다.

11. 통뼈만들기

앞서 배운 Pattern (It is~ to~)과, 주어진 표현을 활용하여 영작해보세요.

1. 히터를 계속 켜놓는 것이 나을까요? (better, leave sth on)
2. 내일까지 이 보고서를 끝낸다는 것은 내겐 불가능하다. (impossible, finish)
3. 우리가 올바른 소프트웨어를 고르는 것이 중요하다. (important, choose)
4. 저를 도와주시다니 정말 친절하세요.(kind, help)

🐾 보보샘 거들기

1. 동사 leave가 '어떤 상태로 두다'라는 뜻이 있으므로, '히터를 켠 상태로 두다'는 leave

the heater on입니다. 의문문이기 때문에 Is it better~

2. 내가 끝내는 것이므로, to finish의 의미상의 주어는 for me가 되겠지요.

3. 올바른 소프트웨어 the right software

4. 친절한 kind가 사람의 품성을 나타내는 형용사이므로 의미상의 주어가 of you가 되겠지요. kind를 강조하기 위해서는 so kind 혹은 very kind하시면 됩니다.

보보샘은 이렇게 영작했어요

1. Is it better to leave the heater on?
2. It is impossible for me to finish the report by tomorrow.
3. It's important for us to choose the right software.
4. It's so kind of you to help me.

보보샘의 소소한 영어 이야기

The advent of the e-book and the future of the paper book (I)

Until a few years ago, a book brought only the image of a bundle of printed-paper to my mind and the visualization of reading a book was understandably turning its pages. However, the rapid progress of information technology has enabled us to create a highly innovative type of book: E-book. An e-book is a book published in electronic or digital form so you can download a content file that you want to read to your computer, PDA, MP3, or cell phone. Wow! It sounds awesome, doesn't it?

With the state-of-the-art e-book, you do not have to carry a heavy collection of papers, and you may not cough or sneeze at all due to dust or mold from a book that you took down off the shelf in a long time. Actually, at its earlier development stage, many technology experts predicted that the paper book would be gradually replaced by the e-book because of its predominant convenience over the paper book. Then, according to the prediction, will the paper book die a natural death soon? Will we no longer be able to have a paper book in the next few decades? Will the image of reading books be touching screen or keyboarding instead of turning pages? <To be continued...>

몇 년 전까지만 해도, 책은 단순히 인쇄된 종이의 묶음이라는 이미지만을 주었으며, 책을 읽는다라는 행위는 당연히 책장을 넘기는 영상으로서 떠올려지곤 했었다. 그러나, 정보기술의 급속 성장은 고도의 혁신적인 유형의 책인 E-book의 탄생을 가능케 하였다. Ebook이란, 전자 혹은 디지털 형태로 출간된 책으로, 당신이 읽고자 하는 컨텐츠 파일을 컴퓨터나, PDA, MP3, 혹은 휴대 전화에 내려 받아 읽을 수 있다. 와, 정말 대단하지 않은가?

　최첨단 E-book의 탄생으로, 당신은 무거운 종이 묶음을 들고 다니지 않아도 되고, 오랜만에 책장에서 꺼내든 책에서 흩날리는 먼지 때문에, 기침하거나 재채기를 할 이유도 전혀 없다. 사실, E-book 초기 계발 단계에서, 많은 기술 전문가들의 예측은, 종이 책과 견주어 단연 우세한 E-book의 편리성으로 보아, 서서히 종이책은 E-book으로 대체된다는 것이었다. 그렇다면, 그 예측대로, 종이 책은 곧 자연사하고 말 것인가? 우리는 향후 몇 십 년 후에는 종이 책을 더 이상 소장할 수 없는 것인가? 책을 읽는다는 것의 영상이 페이지를 넘기는 것 대신에 이제는 스크린과 키보드를 두드리는 것이 될 것인가?

〈Bobo주〉 위의 글은 제가 쓴 '전자 책의 출현과 종이 책의 미래' 라는 제목의 essay 도입 부분입니다. 전체 essay를 조금씩 나누어 이 코너를 통해 소개하도록 하겠습니다. 완벽하게 잘 쓴 글이라서 소개하는 것이 아니라, 본인의 생각을 정리해서 영어로 일단 한 번 써보는 것이 영작의 달인으로 가는 첫걸음이란 것을 말씀 드리고 싶어, 부족한 제 글을 선보입니다. 원어민의 교정을 거치기는 하였으나, 습작이므로, 어색하거나 틀린 부분이 있을 수 있습니다.

Frame 6 It is said that love is blind.

사랑은 눈이 멀게 한다고들 말한다.

1. 칼슘먹기

It is said that love is blind, but friendship is clairvoyant.
사랑은 눈이 멀게 하고, 우정은 통찰력을 갖게 한다고들 말한다.

It is said that love is blind, but marriage is a real eye-opener.
사랑을 하면 눈이 멀다가도, 결혼을 하면 놀랄 만큼 다 보인다라는 말이 있다.

위의 두 문장은 사랑과 우정, 사랑과 결혼을 이야기할 때, 자주 인용되는 문구들입니다. '…라는 말이 있다', '사람들이 그렇게들 이야기 하더라…' 라는 것을 'It is said that~' 이라고 표현하고 있습니다.

Pattern Note 6

'It is said that ~' '~하다고들 말한다'

문장의 후반부에 위치하는 that절이 진짜 주어이며, it은 자리를 메꾸기 위한 가짜 주어인 셈이다. 즉 that절을 주어 자리에 가져와도 뜻이 통하게 된다. 'That love is blind is said.'

이 때 it과 that절 사이에는 be+형용사, be + 분사, 동사 등이 올 수 있다.

It is said that ~하다고들 말한다.
It is certain that ~임이 틀림없다.
It is likely that ~인 것 같다.
It is clear that ~임이 확실하다.
It seems (appears) that ~ 인 것처럼보인다.

● 다음 우리말 문장의 표시된 부분이 영어 문장에서 어떻게 바뀌었는지 해당 부분에 밑줄을 그어보세요.

Gibson 박사가 기조연설을 할 것임에 틀림없다.
추가적인 관찰이 필요할 것 같다.
모두가 그 결과에 만족하는 것은 아닌 것 같다.
소수의 의견도 존중되어야 한다고들 말한다.

It is certain that Dr. Gibson will give the keynote address.
It is likely that additional observation will be needed.
It seems that everyone is not satisfied with the result.
It is said that minority voice should also be respected.

<u>It is certain that</u> Dr. Gibson will give the keynote address.
<u>It is likely that</u> additional observation will be needed.
<u>It seems that</u> everyone is not satisfied with the result.
<u>It is said that</u> minority voice should also be respected.

● 아래의 우리말 문장을 영작하려고 합니다. 밑줄친 부분을 중심으로 완성해 보세요.

개들이 개사료를 좋아하지 않는다는 <u>것이 분명하다</u>.

Tom과 Jane이 곧 결혼할 거라는 <u>게 사실인가요</u>?
사람들이 환경에 대해 전혀 신경쓰지 않는가는 <u>것이 놀랍습니다</u>.
Sally는 전문가가 되고 있는 <u>것 같이 보인다</u>.

- It is clear that the dogs don't like the dog food.
- _____ Tom and Jane will get married soon?
- _____ people don't care about the environment at all.
- _____ Sally is becoming an expert.

<u>It is clear that</u> the dogs don't like the dog food.
<u>Is it true that</u> Tom and Jane will get married soon?
<u>It is surprising that</u> people don't care about the environment at all.
<u>It appears that</u> Sally is becoming an expert.

🌸 보보샘 거들기

바뀐 영어문장을 보면, 모두 that절이 주어였음을 알 수 있습니다. 그리고 주어와 술어부분과의 관계에 따라 be동사와 형용사 (It is clear, It is true, It is likely, It is certain, etc.), be동사와 현재분사, 혹은 과거분사 (It is surprising, It is said, etc.), 그리고 동사 (It seems, It appears, etc.)가 연결되는 것입니다.

11. 통뼈만들기

앞서 배운 Pattern (It~ that~)과, 주어진 표현을 활용하여 영작해보세요.

1. 그가 거짓말을 하고 있음이 분명하다. (obvious, lie)
2. 어떤 사람들은 자신의 소변을 마신다는 게 믿을 수가 없어요. (unbelivable,

drink urine)

3. 그는 출타중인 것으로 드러났다. (turn out, be away on business)
4. 진실이 아름다움이라고들 말합니다. (say, truth, beauty)

보보샘 거들기

1. 형용사 obvious을 써서 '~는 분명하다'를 'It is obvious that ~'로 표현할 수 있습니다.
2. 믿다 believe에서 파생된 형용사 unbelievable을 써서 It is unbelievable that~이라는 표현이 완성됩니다. drink their own urine 자신의 소변을 마시다.
3. turn out은 '~임이 드러나다' 라는 뜻의 불완전 자동사입니다. It turns out that~ ~임이 드러나다, 결과로서 판명되다. be away on business 출타중이다.
4. It is said that~은 They say that다 수동태 변환된 문장이라고 보셔도 좋습니다. They say that truth is beauty --> That truth is beauty is said (by them) --> It is said that truth is beauty.

카더라통신 '~라고 하더라구…' It is said that~

'누가 ~했다더라'를 표현하는 'It is said that ~'는 아래와 같은 문장으로도 가능합니다.
It is said that he was once an idol star. (It 가주어, that 진주어)
They say that he was once an idol star. (They는 일반사람들, that절 전체는 동사 say의 목적어)
He is said to have been an idol star. ('그가 to이하라고 말해진다.' 라는 수동태구문 to have been인 이유는 본동사 say보다 idol star였던 시절이 앞서있으므로, 완료부정사 to have p.p로 표현)

보보샘은 이렇게 영작했어요

1. It is obvious that he is lying.
2. It is unbelievable that some people drink their own urine.
3. It turned out that he was away on business.
5. It is said that truth is beauty.

Frame 7 I want you to want me.

네가 날 원하기를 바래.

1. 칼슘먹기

1970년대에 Cheap Trick이라는 Rock Band가 부른 노래 제목이 바로 I want you to want me였습니다. 직역을 하면 '나는 네가 날 원해주길 원한다.' 라는 뜻이 되지요. 그리고 이 노래의 가사 중에서 같은 패턴의 문장이 아래와 같이 나옵니다.

I want you to want me. 네가 날 원하기를 원해
I need you to need me. 네가 날 필요로 해줘야 해.
I'd love you to love me. 네가 날 사랑했으면 좋겠어.
I'm begging you to beg me. 네가 나를 간절히 원해주길 간절히 바라고 있어.

to부정사 (to want, to need, to love, to beg)의 주체가 주어 I가 아닌 목적어 you 인 것을 알 수가 있겠지요?

Pattern Note 7

'I want you to~' '난 네가 ~하길 원해'
'주어+동사+목적어+to부정사'의 형식을 취하여, '주어'는 '목적어'가 'to부

정사' 하는 것을 '동사' 하게 된다. 즉 to부정사 행위의 주체가 목적어일 때 쓸 수 있는 패턴이다.

I want to go. (to부정사의 의미상의 주어는 문장의 주어 I)
I want you to go. (to부정사의 의미상의 주어는 목적어 you)

advise, enable, allow, tell, want, cause, encourage, expect, force, persuade, permit 등의 동사들이 이러한 패턴을 활용할 수 있다.

● 다음 우리말 문장의 표시된 부분이 영어 문장에서 어떻게 바뀌었는지 해당 부분에 밑줄을 그어보세요.

그가 오늘 돌아올 것으로 예상하십니까?
그는 첫번째 후보를 투표하라고 나를 설득시켰다.
그들은 그가 돈을 잃도록 원인을 제공했다.
이 새로운 시스템은 우리가 자동으로 로그인할 수 있도록 해줄 것이다.

Do you expect him to come back today?
He persuaded me to vote for the first nominee.
They caused him to lose his money.
This new system will enable us to log in automatically.

Do you expect <u>him to come back</u> today?
He <u>persuaded me to vote</u> for the first nominee.
They caused <u>him to lose his money</u>.
This new system will enable <u>us to log in automatically</u>.

● 주어진 동사를 활용하여 아래의 우리말 문장을 영작하려고 합니다. 밑줄친 부분을 중심으로 완성해 보세요.

고용주들은 직원들이 훈련을 받도록 강요할 수 있다. (force)
우리는 그들에게 제품의 질과 고객 서비스를 개선하라고 조언했다. (advise)
그 학교는 학생들이 지역사회에서 자원봉사를 하도록 장려한다. (encourage)
그 일은 그에게 컴퓨터를 사용할 것을 요구했다. (require)

- Employers <u>can force</u> employees to get training.
- We _____ product quality and customer service.
- The school _____ in their community.
- The job _____ to use a computer.

Employers <u>can force</u> employees to get training.
We <u>advised them to improve</u> product quality and customer service.
The school <u>encourages the students to volunteer</u> in their community.
The job <u>required him</u> to use a computer.

달인은 알고 있다!

He **is expected to** be back after lunch.
그는 점심식사 후에 돌아올 것 같습니다.

위의 문장은 I expect him to be back after lunch.를 수동태로 바꾼 형태입니다. 물론 의미상 같은 얘기이긴 하지만, 수동태 구문에서 주어가 he로 바뀌는 만큼 '그'에게 초점이 맞추어져 좀 더 회화적인 표현이 되겠지요. 이 외에도, be forced to, be encouraged to, be allowed to, be enabled to, be advised to, be required to 등 앞서 언급된 대부분의 동사들이 수동태 활용으로 많이 사용됩니다. 본문의 예문 일부를 수동태로 바꿔보면 이렇게 되겠지요.

Employees can be forced to get training by employers.
They are advised to improve product quality and customer service by us.

보보샘 거들기

예문 모두 목적어와 to부정사는 긴밀하게 엮여 있습니다. 즉, 목적어와 부정사는 의미상으로는 마치 주어와 동사 관계가 성립됩니다.

11. 통뼈만들기

앞서 배운 Pattern '주어+동사+목적어+to부정사' 와, 주어진 두 개의 동사를 활용하여 영작해보세요.

1. 내게 전화해달라고, 그 사람에게 말해줄래요? (tell, call)
2. 나는 내 딸이 의사가 되는 것을 원치 않는다. (want, become)
3. 제 소개를 하는 것을 허락해주세요. (allow, introduce)
4. 제 결혼식에 와주길 바랍니다. (would like, come)

보보샘 거들기

1. 조동사 can을 활용하여, 부탁하는 의문문을 만들 수가 있습니다. Can you~~
2. 부정문이므로, I don't want가 되겠지요.
3. '~해주세요'는 please로 시작하는 공손한 명령문이 좋겠지요.
4. want보다 조금 더 공손한 의미의 '바람' '부탁'을 would like르 나타낼 수 있습니다.

보보샘은 이렇게 영작했어요

1. Can you tell him to call me?
2. I don't want my daughter to become a doctor.
3. Please allow me to introduce myself
4. I would like you to come to my wedding ceremony.

Frame 8 Let my people go.
내 사람들을 풀어주시오.

1. 칼슙먹기

디즈니 애니메이션 The prince of Egypt (이집트의 왕자)는 성경의 '출애굽기 (The Exodus)'를 원전으로 한 모세이야기입니다. 모세가 자신의 형인 람세스에게 히브리인의 해방을 요구하며 부른 노래 중에 나오는 힘이 넘치는 노랫말이었지요. 'Let my people go' 직역하면 '내 사람들을 가게 내버려두시오' 란 의미인데, 목적어 my people 뒤에 원형부정사 go가 쓰였습니다.

> **Pattern Note 8**
>
> 사역동사, 지각동사 + 목적어 + 원형부정사 (동사원형)
> 주어가 목적어에게 어떤 행위를 시키는 사역동사 (let, have, make)와 주어가 목적어의 어떤 행위를 지각하는 동사인 지각동사 (see, look at, observe, watch, hear)는 목적어의 행위를 원형부정사 (동사원형)로 나타낸다. 이 때 지각동사의 경우는 목적어의 진행중인 동작에 초점을 맞출 경우 현재분사가 올 수도 있다.

● 다음 우리말 문장의 표시된 부분이 영어 문장에서 어떻게 바뀌었는지 해당 부분에 밑줄을 그어보세요.

나는 내 딸에게 방을 청소하게 했다.
당신은 나를 춤추고 싶게 만들어요.
나는 그 사람들이 저에 대한 나쁜 얘기들을 하고 있는 걸 들었어요.
너 조나단 가는 거 봤어?

I had my daughter clean the room.
You make me feel like dancing.
I heard them saying bad things about me.
Did you see Jonathan walk off?

I <u>had</u> my daughter <u>clean</u> the room.
You <u>make me</u> feel like dancing.
I heard <u>them</u> <u>saying bad things</u> about me.
Did you <u>see</u> Jonathan <u>walk off</u>?

● 아래의 우리말 문장을 영작하려고 합니다. 밑줄친 부분을 중심으로 완성해 보세요.

커피 한잔이 네 기분을 더 좋게 해줄 거야.
어떻게 그들이 너의 제품을 사게 만들 거야?
나는 그가 금요일에 기술회의에서 연설하는 것을 들었다.
그가 건물에 들어가고 있는 걸 봤어?

A cup of coffee will make you ⬚feel better⬚.
How will you get ⬚_____⬚ your product?
I ⬚_____⬚ at a tech conference on Friday.
Did you see ⬚_____⬚?

A cup of coffee will make you <u>feel better</u>.

How will you get <u>them to buy</u> your product?

I <u>heard him speak</u> at a tech conference on Friday.

Did you see <u>him entering the building</u>?

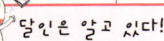 보보샘 거들기

사역의 의미를 지닌 동사 get은 목적어 뒤에 to부정사가 옵니다. 그래서 get them to buy your product라고 하면, '그들이 너의 제품을 사게 만들다' 가 되겠지요. 지각동사의 경우는 목적어의 진행중인 행위에 초점을 맞추어 영작하고 싶을 경우 현재분사가 온다고 했으므로, Did you see him entering the building?와 같이 문장을 만들 수 있겠습니다.

달인은 알고 있다!

I cut my hair.(나 머리 잘랐어)_ 당신은 미용사!

보통 머리를 스스로 자르기보다는 미용사에게 맡기기 때문에, '머리를 잘랐다' 라는 문장은 엄밀히 말해 '나는 (미용사에 의해) 머리가 잘려지게 시켰다.' 가 되어, I had my hair cut (by a hairdresser)가 되고, 이 때 cut은 목적어 my hair와의 관계가 수동이 되기 때문에, 과거분사라고 볼 수 있습니다. 즉 사역동사라 하더라도, 목적어와 목적보어와의 관계에 따라 원형부정사 혹은 과거분사가 사용될 수 있다는 것을 명심하셔야 합니다.

I washed my car. (내가 직접 세차)

I had my car washed. (다른 사람이나 기계를 시켜 세차함)

11. 통뼈만들기

앞서 배운 Pattern (사역동사, 지각동사)과, 주어진 동사를 활용하여 영작해보세요.

1. 가능한 빨리 결과를 제게 알려주세요. (let, know)
2. 제가 모든 직원들이 회의에 참석하도록 하겠습니다. (have, attend)
3. 아무도 내가 이 메시지를 변역하는 데 도움을 줄 수 없다. (help, translate)
4. 나는 선생님께서 내 이름을 부르는 소리를 들었다. (hear, call)

〈보보샘 거들기〉

1. let me know는 회화에서 아주 많이 쓰는 표현이지요. '내가 알게 허락하시오'란 얘기이므로 '알려주세요'의 의미입니다.
2. 사역동사 have와 전직원 all the employees, 원형부정사 attend를 연결하면 되겠습니다.
3. nobody를 이용해서 부정문을 만들었고, 나머지 부분은 help, 목적어 원형부정사 순입니다.
4. 지각동사 hear, 목적어 my teacher, 목적보어 (원형부정사) call

보보샘은 이렇게 영작했어요

1. Please let me know the result as soon as possible.
2. I'll have all the employees attend the conference.
3. Nobody can help me translate this message.
4. I heard my teacher call my name.

Frame 9 How to know if someone likes you!
누군가 당신을 좋아하는 지 아닌 지 알아내는 법!

1. 칼슘먹기

세계 어디에서나 teenager들이 보는 잡지에 소개되는 내용에는 공통된 소재가 있지요. 그 중 하나가 바로 이성친구를 사귀면서 생기는 고민에 관한 내용일 텐데요. 이번 frame의 제목 'How to know if someone likes you'가 바로 10대들을 위한 잡지에서 특정 이성 친구가 자신을 좋아하는 지 아닌 지를 퀴즈를 통해 알아보는 페이지의 제목이었습니다. '누군가 나를 좋아하는 지 안 좋아하는 지'…. 우리말은 길지만, if someone likes you로 영어문장은 간결하지요?

Pattern Note 9

I don't know if he likes me. 그 애가 날 좋아하는 지 안 좋아하는 지 모르겠어.

조건절과 가정법을 이끄는 접속사인 if를 동사 know, wonder, be sure 등의 뒤에 두면 '~인지 아닌 지'의 의미로 바뀌면서 명사절을 이끌게 된다. 이 때 명사절 접속사 if외에도 whether가 올 수 있고 문장 맨 뒤에 ~or not'을 붙일 수도 있다.

I don't know whether he likes me or not.

◉ 다음 우리말 문장의 표시된 부분이 영어 문장에서 어떻게 바뀌었는지 해당 부분에 밑줄을 그어보세요.

우리가 여기서 사진을 찍는 것이 허락되는 지 궁금하다.
내가 올바른 일을 하고 있는 지 확신이 안선다.
그들은 사장님이 미팅에 참석할 지 안할 지를 알고 싶다.
힐러리가 아직 여기 사는 지 난 모른다.

I wonder if we are allowed to take pictures in here.
I am not sure if I am doing the right thing.
They want to know if the president will attend the meeting or not.
I don't know if Hillary still lives here.

I <u>wonder if</u> we are allowed to take pictures in here.
I <u>am not sure if</u> I am doing the right thing.
They want to know <u>if the president will attend the meeting or not</u>.
I don't know <u>if Hillary still lives here</u>.

◉ 아래의 우리말 문장을 영작하려고 합니다. 밑줄친 부분을 중심으로 완성해 보세요.

<u>네가 캐서린한테 돈을 좀 빌려줄 수 있을 지</u> 캐서린이 궁금해하더군.
<u>그들이 올해 사원을 뽑을 지</u> 알고 싶으세요?
자신이 승자가 될 <u>것이라</u> 그는 확신한다.
그 데이터를 완전히 삭제해도 정말 괜찮은가요? (당신은 데이터를 완전히 삭제하기를 원하고 <u>있다고 확신</u>하세요?)

Catherine is wondering if <u>you can lend</u> _____.
Do you want to know if _____?

　　　　　　　　　　he will be the winner.

　　　　　　　　　　you want to delete the data permanently?

Catherine is wondering if <u>you can lend her some money</u>.

Do you want to know <u>if they will hire employees this year</u>?

<u>He is sure that</u> he will be the winner.

<u>Are you sure that</u> you want to delete the data permanently?

보보샘 거들기

if절이 문장 안에서는 목적어 역할을 하고 있는 것을 알 수 있을 겁니다. 따라서 꼭 if절이 아니라 하더라도 명사절을 이끄는 that절이 그 자리에 올 수 도 있습니다. He is sure that~, Are you sure that~에서 처럼요. if절이 목적어인 경우는 '~인지 아닌지를', that절이 목적어인 경우는 '~을/를'이라고 이해하시면 되겠습니다. 이 밖에도 각종 의문사들로 시작하는 명사절도 얼마든 지 가능하겠지요.

I am not sure how he figured out the problem.
나는 그가 어떻게 그 문제를 해결했는 지 잘 모르겠다.

I wonder where he usually go for a drink after work.
그가 일 마치고 주로 어디 가서 한 잔 하는 지 궁금하다.

달인은 알고 있다!

If절의 시제, 명사절일 때와 부사절일 때가 다르지요~

I don't know <u>if it will rain</u>.
비가 올지 안올 지 모르겠다. (명사절 if)

Please let me know <u>if it rains</u>.
비오면 알려주세요. (부사절 if)

if절은 부사절을 이끌기도 하고, 명사절을 이끌기도 합니다. 각각 if의 해석이 '~라면'과 '~인지 아닌지'로 확연히 다르지요. 이 때 주의해야 할 것은 부사절일 경우에, 아무리 미래의미가 있다 하더라도, 현재시제 동사를 사용한다는 것입니다. 물론 명사절에서는 미래시제를 사용하구요. 접속사 when도 마찬가지입니다.

I am not sure <u>when he will be back</u>.
그가 언제 돌아올 지 잘 모르겠다.(명사절이므로 미래시제 사용)

Please call me <u>when he is back</u>.
그가 돌아오면 전화해주세요.(부사절이므로 현재시제 사용)

11. 통뼈만들기

앞서 배운 Pattern (I wonder if…)과, 주어진 표현을 활용하여 영작해보세요.

1. 내일 한가하신 지 궁금합니다. (wonder, free)
2. 제가 당신을 도와줄 수 있을 지 잘 모르겠군요. (be sure, help)
3. 이것이 가능한 지 알고 싶습니다. (would like to, possible)
4. 난 사람들이 왜 그 소식을 믿지 않는 지 궁금하다. (wonder, trust)

보보샘 거들기

1. 한가하다를 be free를 쓰면 if you are free가 되겠습니다. 혹은 if you are available
2. 잘 모르겠다. 확신이 서지 않는다 등의 표현은 be not sure로 하면 되겠지요.
3. want to 보다 공손하게 would like to know if…
4. I wonder if는 '~인지 아닌 지'의 뜻을 나타내는 명사절이지만, 꼭 if절만 오라는 법은 없지요. 이유가 궁금하면, I wonder why… 시간이 궁금하면 I wonder when…, 등등 뒤에 명사절을 붙일 수 있습니다.

보보샘은 이렇게 영작했어요

1. I wonder if you are free tomorrow.
2. I am not sure if I can help you.
3. I would like to know if this is possible.
4. I wonder why people don't trust the news.

Frame 10 I've been lonely for so long.
난 오랫동안 외로웠어요.

1. 칼슘먹기

'그여자 작사 그남자 작곡' 이라는 제목으로 2007년도에 개봉을 한 영화가 있었지요. 원제목은 'Music and Lyrics' 였습니다. 남녀 주인공인 Sophie와 Alex가 우여곡절 끝에 완성한 노래가 바로 A way back into love (다시 사랑으로 돌아가는 방법) 였습니다. 그동안 닫혔던 마음의 문을 열고 다시 사랑하고 싶고 그렇게 할 수 있도록 도와달라는 내용의 가사들이었는데, 그 중에 I've been lonely for so long이라는 부분이 있습니다. '오랫동안 외로웠다' 는 얘기인 것 같지요.

> **Pattern Note 10**
>
> I have been lonely for so long. 난 오랫동안 외로웠습니다.
>
> 현재완료 (have + p.p) 혹은 현재완료진행 (have been +~ing) 시제를 사용해서, 과거에서 현재까지의 지속적인 상태를 표현할 수 있다. 이 때 동사 뒤에 'for + 기간 (ex. for five years, for such a long time)', 'since + 과거시점의 구 혹은 절' (ex. since last year, since I met you last)이 함께 등장한다.

● 다음 우리말 문장의 표시된 부분이 영어 문장에서 어떻게 바뀌었는지 해당 부분에 밑줄을 그어보세요.

우리는 결혼한 지 10년 되었습니다.
제가 그 아기를 수 시간 동안 지켜봐 왔습니다.
당신을 마지막으로 본 지 오래되었어요.
난 너 같은 소녀를 기다려왔어.

We have been married for ten years.
I have been watching the baby for many hours.
It's been a long time since I saw you last.
I have been waiting for a girl like you.

We have been married <u>for ten years</u>.
I <u>have been watching</u> the baby for many hours.
It's been a long time <u>since I saw you last</u>.
I <u>have been waiting</u> for a girl like you.

● 아래의 우리말 문장을 영작하려고 합니다. 밑줄친 부분을 중심으로 완성해 보세요.

<u>그 건물은 1990년에 세워진 후</u> 보수작업이 없어왔다.
저는 꽤 오랫동안 <u>일자리를 찾아왔습니다</u>.
이 컴퓨터를 얼마나 오랫동안 <u>소유하고 계신거죠</u>?
샐리와 나는 <u>세 시간째</u> 쇼핑중이다.

The building hasn't been renovated <u>since it was　　　　</u>.
I <u>　　　　　　</u> for quite a while.
How long <u>　　　　　</u> this computer?
Sally and I have been shopping <u>　　　　　</u>.

The building hasn't been renovated <u>since it was built in 1990</u>.
I <u>have been searching for a job</u> for quite a while.
How long <u>have you owned</u> this computer?
Sally and I have been shopping <u>for three hours</u>.

보보샘 거들기

기간을 나타내는 for와 since의 쓰임새를 확실히 구분할 수 있으시겠지요? 얼마동안~이라면 for가, 이후로~라면 since가 쓰이게 됩니다.

행위의 지속을 나타내는 현재완료와 현재완료진행형은 동작을 나타내는 동사에 있어서는 크게 의미차이가 없다고 보시면 됩니다. 즉 I have lived in this village for five years나 I have been living in this village for five years나 비슷합니다. 다만 상태동사의 경우는 현재완료진행형을 만들게 되면 좀 이상하지요. 예를 들어 I have owned this computer for a year를 I have been owning this computer for a year라고 쓸 수는 없겠지요.

11. 통뼈만들기

앞서 배운 Pattern (have+p.p.~ since/for)과 주어진 동사 표현을 활용하여 영작해 보세요.

1. 영어를 가르치신 지는 얼마나 되셨지요? (have been teaching)
2. 저는 태어났을 때부터 이 마을에 살았어요. (have lived)
3. 저는 영어를 6년째 배우고 있습니다. (have been learning)
4. 네가 떠난 뒤로 Diane이 하루 종일 울고 있다. (have been crying)

보보샘 거들기

1. 의문문이기 때문에 you have been이 have you been으로 순서가 바뀌게 되구요. 과도기 의문문을 생각해 본다면, You have been teaching English (for) how long.
2. 내가 태어난 이후로 since I was born이라는 절로 처리하시면 되겠습니다.
3. 우리말 '6년째'는 '6년동안'일 터이니 for six years가 되겠지요.
4. '하루 종일 울고 있다'는 의미상으로 볼 때, 과거 시점에 울기 시작해서 지금까지도 울고 있다는 얘기이겠지요. 따라서 has been crying all day

보보샘은 이렇게 영작했어요

1. How long have you been teaching English?
2. I've lived in this village since I was born.
3. I've been learning English for six years.
4. Diane has been crying all day since you left.

보 보샘의 소소한 영어 이야기

The advent of the e-book and the future of the paper book (II, continued from p.108)

Let me take a closer look at the e-book, first. One of the most outstanding features of the e-book is the fact that it is easy to carry. You can carry as many books as you need only at the cost of "a little tiny chip." It's just a super-mini size for the formidable amount of data it can contain. More surprisingly, the e-book can include lots of multimedia materials such as animation, flash, and even sound effect. This is interpreted as a totally different world from the text-based book since the reader can get extra information from the multi sources not to speak of the text. What about the purchase, then? In order to buy an e-book, you only have to access Internet anytime, anywhere, and search for a content file that you want, and download it to your storage! What do you say? It is so simple and easy, isn't it? You can spend the transmitting time having a cup of coffee or looking forward to reading the book on delivery.

Another fascinating factor is, if you want to go back to somewhere in the previous pages while reading, you are just asked to enter a key word of the page in mind or you can use a function of a bookmarker key. You don't need to soil the book by putting marks on it for the purpose of tracing back to a certain page later. If you are a reader who sticks to keeping your books clean and tidy, you will definitely love this undamaged and untouched e-book. Your book will be in neat and clean condition forever. There must be many other features of the e-book, which are mostly useful to readers, but the wonderful functions above would be attractive enough to gain attention of the readers.<To be continued…>

　우선, 전자 책(e-book)을 자세히 들여다 보자. 전자 책의 가장 뛰어난 특징중의 하나는 휴대가 간편하다는 것이다. 당신은 "아주 작은 칩"만 있으면, 필요한 최대한 많은 책을 소지할 수 있게 될 것이다. 그것은 어마어마한 양의 데이터를 수용할 수 있는 초미니 사이즈의 칩이다. 더욱더 놀라운 것은, 전재 책은 애니메이션, 플래시, 음향 효과와 같은 멀티미디어 자료를 포함한다는 것이다. 이것은 독자가, 텍스트는 말할 것도 없고, 그 외 다양한 소스에서 정보를 얻을 수 있기 때문에, 텍스트 근간의 책과는 온전히 다른 세상 얘기가 되는 것이다. 구매는 어떠한가? 전자 책을 사기 위해서 당신은 언제, 어디서든 인터넷에 접속하여, 원하는 컨텐츠 파일을 찾고, 그것을 당신의 저장매체에 내려 담기만 하면 되는 것이다. 어떤가? 정말 간단하고 쉽지 않은가? 당신은 커피를 한 잔 즐기거나, 배송중인 책을 읽을 기대를 하면서 전송 시간을 보낼 수 있을 것이다. 또 하나의 매력적인 요소는, 전자 책을 읽는 도중에 이 전 페이지로 다시 가고 싶을 경우, 당신은 그냥 생각하고 있는 페이지의 키워드를 입력하거나, 북마커 기능을 이용하면 된다. 나중에 찾아오기 위해, 책 위에 표시를 해 둠으로써, 책을 더럽힐 필요가 없다는 얘기다. 만약 당신이 책을 깨끗하게 관리하고 싶은 사람이라면, 당신은 분명히 손상 받지 않고, 흔적이 남지 않는 전자 책을 사랑하게 될 것이다. 당신의 책은 영원히 깨끗하고 말끔한 상태를 유지할 것이다. 전자 책의 다른 장점들—특히 독자에게 유용한—이 많이 있겠지만, 위의 특징들은 독자들의 관심을 얻는데 충분히 매력적일 것이다.

Frame 11 We are happy to serve you!
당신을 모시게 되어 행복해요!

1. 칼슘먹기

매일 자판기 커피를 마시는 분들이라면, 종이컵은 아주 친숙한 생활 속 아이템이 되겠지요. New York시의 명물이 되어버린 일회용 종이컵에 새겨진 문구가 바로 "We are happy to serve you."라는 문구입니다. 뉴욕을 배경으로 한 영화나 드라마에서도 간혹 볼 수 있었는데요. 1963년에 처음 만들어진 이 컵은 이제는 New Yorker들에겐 아련한 추억 속으로 사라질 만큼, 보기 힘들다고 하네요. 대신 세라믹으로도 나와 판매가 되고 있다고 하는데, 역시 과거에 대한 향수는 이런 종이컵 하나에도 묻어나는 모양입니다.

We are happy to serve you! (고객님을 모시게 되어 행복해요!)
We are happy to have them with ceramic! (세라믹으로 된 컵을 갖게 되어 행복해요!)

Pattern Note 11

We are happy to serve you!

be happy to 부정사   ~하게 되어 행복하다.

be동사와 형용사 뒤에 놓인 to부정사는 어떤 감정의 원인이 되는 내용을 담을 수 있다. ~하게 되어 기쁘다 (be pleased to, be glad to), ~하게 되어 유감이다 (be sorry to) 등등 감정과 그 감정의 원인이 되는 내용을 구 (phrase)로써 표현하고자 할 때 유용한 표현이다.

● 다음 우리말 문장의 표시된 부분이 영어 문장에서 어떻게 바뀌었는지 해당 부분에 밑줄을 그어보세요.

네 메시지를 받아서 행복했어.
위원회 구성원이 되어서 영광입니다.
그들은 그 유명가수를 만나게 되어 너무 기뻤다.
고모님이 돌아가셨다는 소식을 들으니 너무 슬프다.

I was happy to receive your message.
I am honored to be a member of the committee.
They were so happy to meet the famous singer.
I am so sad to hear that my aunt passed away.

I was happy <u>to receive</u> your message.
I <u>am honored to be</u> a member of the committee.
They were <u>so happy to meet</u> the famous singer.
I <u>am so sad to hear</u> that my aunt passed away.

● 주어진 동사를 활용하여 래의 우리말 문장을 영작하려고 합니다. 밑줄친 부분을 중심으로 완성해 보세요.

제 소개를 할 <u>기회를 갖게 되어</u> 기쁩니다. (have)
우리의 신제품의 <u>출시를 알리게 되어</u> 기쁩니다. (announce)
당신의 주문이 취소된 것을 <u>알려드리게 되어 유감입니다</u>. (inform)

당신이 괜찮다는 소식을 들으니 너무나 안심이 됩니다. (hear)

- I am pleased   to have the opportunity   to introduce myself.
- I am delighted _____ of our new product.
- We _____ you that you order has been cancelled.
- I am so relieved _____ that you are fine.

I am pleased to have the opportunity to introduce myself.
I am delighted to announce the launching of our new product.
We are sorry to inform you that you order has been cancelled.
I am so relieved to hear that you are fine.

🌱 보보샘 거들기

be honored to~라는 표현은 '~라서 영광이다.'의 의미이고, be relieved to~는 '~라서 안심이다'라는 뜻입니다. 그러니까 형용사가 올 자리에 과거분사가 온 것이지요. 과거분사는 기능상 형용사와 같다고 보시면 됩니다. 감정을 강조하기 위한 표현으로 부사 so를 많이 활용하는데요. 너무 기쁘다면 I am so pleased to~가, 너무 유감이라면 I am so sorry to~가 좋겠지요.

11. 통뼈만들기

앞서 배운 Pattern (be+형용사+to~)과, 주어진 표현을 활용하여 영작해보세요.

1. 당신을 다시 만나게 되어 행복합니다. (be happy, see)
2. 여러분들의 여행안내원이 되어 매우 기쁩니다. (be delighted, be)
3. 기다리게 해서 죄송합니다. (be sorry, keep)

4. 그녀는 캠페인에 참여하게 되어 기뻤다. (be glad, participate)

보보샘 거들기

1. be happy to ~하게 되어 행복하다
2. 여러분의 여행안내원이 되어서 to be your tour guide
3. 기다리게 하다 keep you waiting
4. ~에 참석하다 participate in

보보샘은 이렇게 영작했어요

1. I'm happy to see you again.
2. I'm very delighted to be your tour guide.
3. I am sorry to keep you waiting.
4. She was glad to participate in the campaign.

Frame 12 I am glad (that) there is you.

당신이 있어서 기쁩니다.

1. 칼슘먹기

I am glad there is you는 1947년 Jimmy Dorsey라는 가수가 처음 불러 사랑을 받은 재즈선율이 아름다운 노래입니다. 가사도 좋구요. 그 이후에 수많은 가수들이 리메이크를 해서 아마 같은 제목으로 족히 열 곡이 넘을 겁니다. 원제목은 I am glad there is you (당신이 있어서 기뻐요) 이지만, I am glad that there is you라는 문장에서 접속사 that이 생략된 문장이라고 볼 수 있겠습니다.

> **Pattern Note 12**
>
> I am glad that there is you 당신이 있어서 기쁩니다.
>
> be glad that~ ~라서 기쁘다.
> be동사와 형용사 뒤에 that절이 와서, 원인이나 이유를 나타낼 수 있다. be glad that~ (~하게 되어 기쁘다), be honored that ~ (~하게 되어 영광이다), be sorry that~ (~하게 되어 유감이다) 등등, 감정과 그 감정의 원인이 되는 내용을 절 (clause)로써 표현하고자 할 때 유용한 표현이다.

● 다음 우리말 문장의 표시된 부분이 영어 문장에서 어떻게 바뀌었는지 해당 부분에 밑줄을 그어보세요.

당신께서 저희 제품에 관심 가져 주시니 기쁩니다.
그들이 더 이상 접수를 받지 않는다니 유감입니다.
그는 자신이 무례했던 것이 유감이라고 말했다.
내 주변의 모든 사람들이 자신들의 차가 있어서, 난 좌절감을 느낀다.

We are glad that you are interested in our products.
We are sorry that they are not accepting any more applications.
He said he was sorry that he had been rude.
I'm frustrated that everyone around me has his own car.

We <u>are glad</u> that you are interested in our products.
We are sorry <u>that they are not accepting</u> any more applications.
He said he was sorry <u>that he had been rude</u>.
<u>I'm frustrated</u> that everyone around me has his own car.

● 아래의 우리말 문장을 영작하려고 합니다. 밑줄친 부분을 중심으로 완성해 보세요.

당신과 함께 있을 수 없어서 <u>너무 유감입니다</u>.
<u>제 제안을 받아주셔서</u> 기쁩니다.
허리케인 시즌이 끝나서 <u>기쁘지 않습니까</u>?
쉰들러 박사가 쇼를 위해 시간을 내주셔서 <u>저희에겐 영광입니다</u>.

I <u>am so sorry</u> that I can't be with you.
I'm delighted that you _____.
_____ that the hurricane season is over?

_____ that Dr. Shindler was able to make time for the show.

I <u>am so sorry</u> that I can't be with you.

I'm delighted that you <u>accepted my proposal</u>.

<u>Aren't you glad</u> that the hurricane season is over?

<u>We are honored</u> that Dr. Shindler was able to make time for the show.

🐾 보보샘 거들기

be glad to~와 be glad that~, 쓰임새가 아주 비슷하죠. 다만 구와 절이 오는 차이가 있기 때문에, 감정형용사의 주체와 그 원인의 주체가 같을 경우에는 be+형용사+to~ (I am glad to meet you, 내가 너를 만나서, 내가 기뻐)가, 다를 경우에는 be+형용사+that~ (I am glad that you met her. 네가 그녀를 만나서 내가 기뻐.)가 많이 쓰이겠지요.

11. 통뼈만들기

앞서 배운 Pattern (be+형용사+that~)과, 주어진 표현을 활용하여 영작해보세요.

1. 네가 나한테 전화해줘서 너무 기뻐. (be glad, call)
2. 제가 끔찍한 실수를 저질러서 너무 죄송합니다. (be sorry, make)
3. 저를 기념식에 초대해 주시다니 영광입니다. (be honored, invite)
4. 그들이 훈련과정을 성공적으로 마쳤다니 저도 기쁩니다. (be delighted, finish)

🐾 보보샘 거들기

1. '너무 기쁘다' 라고 표현해줘야 하므로 I am so glad 라고 할 수 있겠지요.
2. '실수를 저지르다' 는 make a mistake이지요. 끔찍한 실수는 a terrible mistake

3. '~라서 영광이다' be honored that, '~를 ~에 초대하다'는 invite someone to sth

4. 훈련과정 the training course

보보샘은 이렇게 영작했어요

1. I'm so glad that you called me.

2. I'm so sorry that I made a terrible mistake.

3. I'm honored that you invited me to the ceremony.

4. I'm delighted that they finished the training course successfully.

Frame 13 I wish I had a wife.
나에게도 아내가 있었으면….

1. 칼슘먹기

wish라는 동사를 떠올리면 전 항상 We wish you a merry Christmas라는 노래가 떠오릅니다. 여러분도 혹시 그런가요? 즐거운 크리스마스를 기원한다는 얘기지요. 그런데, 이 wish가 기원 외에도, 현실가능성이 별로 없는 일을 소망한다거나, 아쉬웠던 과거의 일을 이야기할 때도 쓰입니다.

전도연, 설경구 주연의 2000년도 우리 영화 중에 '나에게도 아내가 있었으면 좋겠다' 라는 영화가 있었지요. 말 그대로 아내가 없는 독신남성이 신세 한탄을 하면서 할 수 있는 말일텐데요. 그런데, 이 영화의 영어제목을 보니 'I wish I had a wife' 이더군요. I wish 뒤의 문장의 동사가 had로서 과거인 것이 눈에 띕니다. 이 문장에는 과연 어떤 패턴이 숨겨져 있는 걸까요?

Pattern Note 13

I wish + 가정법 과거동사: 이루어질 수 없는 현재의 소망을 나타낸다.
I wish + 가정법 과거완료동사: 과거에 이루지 못한 것에 대한 안타까움을 나타낸다.

가정법 과거는 현재사실을 반대로 틀어서 말하기 위함이그, 가정법 과거완료는 과거 사실을 반대로 틀어서 말하기 위함이다. 따라서 I wish 뒤에 과거동사 (가정법 과거)가 오면, '~라면 참 좋을텐데….(그렇지가 못해서, 쯧쯧…)'의 의미이고, 과거완료동사 (가정법 과거완료)가 오면 '~였다면 참 좋았을 걸…(왜 그랬던 걸까…쯧쯧…)의 의미가 된다.

● 다음 우리말 문장의 굵은 글씨 부분이 영어 문장에서 어떻게 바뀌었는지 해당하는 부분에 밑줄을 그어 보세요.

네가 여기 서울에 있다면 좋으련만.
난 내가 완전히 다른 사람이라면 좋겠어.
처음부터 담배를 시작하지 않았더라면 좋았을걸.
발표전에 누군가가 내게 조언을 해줬더라면 좋았을걸.

☐ I wish you were here in Seoul.
☐ I wish I were somebody else entirely.
☐ I wish I had never started smoking to begin with.
☐ I wish someone had given me some tips before the presentation.

<u>I wish</u> you were here in Seoul.
I wish <u>I were somebody else entirely</u>.
I wish <u>I had never started smoking</u> to begin with.
I wish someone <u>had given me some tips</u> before the presentation.

● 아래의 우리말 문장을 영작하려고 합니다. 밑줄친 부분을 중심으로 완성해 보세요.

내가 얼마나 노력했는 지 네가 <u>알아준다면</u> 좋을텐데.

네 마음을 읽을 수 있다면 좋겠는데….
내 여자친구에게 더 자주 전화를 할 수 있었더라면 좋았을 걸.
그 슬픈 소식을 더 일찍 들었더라면 좋았을 걸.

I wish you ___knew___ how hard I tried.
I wish I _____ your mind.
I wish I _____ my girl friend more often.
I wish I _____ the sad news earlier.

I wish you <u>knew</u> how hard I tried.
I wish I <u>could read</u> your mind.
I wish I <u>could have called</u> my girl friend more often.
I wish I <u>had heard</u> the sad news earlier.

달인은 알고 있다!

I hope냐? I wish냐?

I hope (that) you will pass the test. 네가 시험에 통과하길 바래.
I wish (that) you had passed the test. 네가 시험에 통과했다면 좋았을 텐데…
wish가 이룰 수 없는 일에 대한 소망이나, 과거에 이루지 못한 일에 대한 안타까움을 표현하는 동사라면, hope는 그야말로 '~게 되기를 희망한다'는 뜻의 긍정적인 동사입니다. 여자친구에게 주려고 선물을 사면서 "I hope she will like it (그녀가 좋아하면 좋겠다)"라고 말할 수 있겠지요. 하지만, wish도 I wish you good luck처럼 상대방에게 좋은 일을 기원해주는 표현으로도 얼마든 지 쓸 수 있습니다.

보보샘거들기

우리말로 '~한다면'은 가정법과거동사가, '~했었더라면'은 가정법과거완료동사가 I wish 뒤에 오게 됩니다. 이 때 조동사의 과거형 (could)이나, 과거완료형 (could have pp)도 물론 올 수 있습니다.

11. 통뼈만들기

앞서 배운 Pattern (I wish +가정법과거/과거완료, I hope+미래시제)과, 주어진 동사표현을 활용하여 영작해보세요.

1. 당신이 제 영어선생님이라면 좋을텐데. (be)
2. 당신이 이번에는 승진할 수 있으면 좋겠어요. (get promoted)
3. 우산을 가지고 왔었으면 좋았을 걸. (bring)
4. 당신이 이 아름다운 광경을 봤으면 좋았을텐데. (see)

보보샘 거들기

1. 과거동사가 와야 하므로 I wish you were…
2. 단순한 희망이나 소망은 I hope S will
3. 우산을 가지고 오지 않은 것에 대한 이야기이므로, I wish 다음에는 과거완료동사가 필요합니다.
4. 아름다운 광경을 상대방이 못본 것에 대한 아쉬움이 있으므로 과거완료 had seen으로 만들어야겠지요.

보보샘은 이렇게 영작했어요

1. I wish you were my English teacher.
2. I hope you will get promoted this time.
3. I wish I had brought an umbrella.
4. I wish you had seen this beautiful scenery.

Frame 14: I should have known better.
내가 더 잘 알았어야 하는 건데…

1. 칼슘먹기

Beatels의 노래는 듣기도 좋지만, 영어공부 하기에도 아주 좋은 노랫말들이 많이 있습니다. 일단 가사가 길지가 않아서 부담이 없구요. 가삿말 표현도 친숙한 것들이 많구요. 속도감도 적절해서 비교적 잘 들립니다. 'I should have known better'라는 곡은 1964년에 John Lenon이 작곡했다고 하는데, 우리말로 하면 '내가 좀 더 잘 알았어야 하는 건데…' 즉 과거에 잘 몰랐던 것에 대한 후회나 안타까움이 묻어 있는 제목이랍니다.

Pattern Note 14

Should have +pp ~했었어야 하는데…. (왜 그랬을까….)
Would have + pp ~했었을거야…. (하지만 그렇게 안했지…)
Could have +pp   ~할 수 있었을 텐데… (하지만 그렇게 못했어…)
Might have +pp   ~했었을 지도 몰라… (하지만 그렇게 안되었지…)

조동사 과거형 would, should, could, might과 have +pp가 만나면, 과거 사실에 대한 후회나 추측 가능성 등을 나타낸다.

● 다음 우리말 문장의 표시된 부분이 영어 문장에서 어떻게 바뀌었는지 해당 부분에 밑줄을 그어보세요.

수업 전에 그 책을 읽었어야 했어.
네가 지시를 따랐다면, 우리는 이 모든 문제에 직면하지 않았을 것이다.
그 사소한 실수가 아니었더라면 그 비극은 일어나지 않았을 수도 있었는데…
날씨가 좋았더라면 우리는 좋은 시간을 보냈을 것이다.

You should have read the book before class.
If you had followed the instructions, we wouldn't have had all these problems.
The tragedy wouldn't have happened without the trivial error.
We would've had a great time if the weather had been fine.

You <u>should have read</u> the book before the class.
If you had followed the instructions, we <u>wouldn't have had</u> all these problems.
The tragedy <u>wouldn't have happened</u> without the trivial error.
We <u>would've had</u> a great time if the weather had been fine.

● 주어진 조동사를 활용하여 아래의 우리말 문장을 영작하려고 합니다. 밑줄친 부분을 중심으로 완성해 보세요.

그는 계약서에 사인을 하지 말았어야 했어. (should)
이 팜플렛이 있었다면, 난 도움을 청하지 않았을거야. (would)
경찰의 보호가 있었다면 다이아나를 살릴 수도 있었을 텐데… (could)
당신은 나에 대해 몰랐을 수도 있을 것이다. (might)

He shouldn't have signed the contract.

With this pamphlet, I _____ for help

Police protection _____ Diana.

You _____ about me.

He <u>shouldn't have signed</u> the contract.

With this pamphlet, I <u>wouldn't have asked</u> for help

Police protection <u>could have saved</u> Diana.

You <u>might not have known</u> about me.

🌸 보보샘 거들기

조동상 과거형+had+pp는 가정법과거완료 주절 동사이기 때문에, if절이나 with/without구와 함께 나와야 자연스러운 경우들이 많이 있겠지요. 예문에서 보시는 바와 같이 조동사 would, should, could, might 각각의 다른 의미 때문에, 가정법과거완료 의미도 약간씩 달라집니다.

특히 should는 후회를, might는 추측을, could는 가능성, would는 주어의 의지가 담긴 가능성을 보여주고 있습니다.

11. 통뼈만들기

앞서 배운 Pattern (would,/should/could/might have pp)과, 주어진 조동사와 동사를 활용하여 영작해보세요.

1. 그녀의 천진난만한 미소를 너도 봤어야 했어. (should, see)
2. 네가 전에 나한테 얘기했더라면, 난 그걸 다르게 했을 거야. (would, do)
3. 너희 엄마께서 이번 해프닝에 대해서 너에게 말씀하셨을지도 모르겠다. (might,

tell)

4. 마지막 기차를 놓치지 말았어야 하는데…(should, miss)

보보샘 거들기

1. 미소를 보지 못한 것에 대한 아쉬움을 should have seen으로 표현할 수 있습니다.
2. If절에도 가정법 과거완료 had told가 와야겠지요. 얘기하지 않았다는 과거사실을 뒤집어 말한 것이므로..
3. might have pp는 추측으로서, '~였을 지도 모른다'
4. 부정문이므로 shouldn't have missed.

보보샘은 이렇게 영작했어요

1. You should have seen her innocent smile.
2. If you had told me before, I would have done it differently
3. Your mom might have told you about this happening.
4. I shouldn't have missed the last train.

Frame 15 It only takes a minute to change your life.
인생을 변화시키는데 단 일분이면 충분하다.

1. 칼슘먹기

It only takes a minute to change your life!

Willie Jolley라는 미국의 유명한 연설자이자 가수이기도 한 저자가 쓴 책의 제목입니다.

'당신의 인생을 변화시키는 데는 1분이면 된다.' 라는 제목으로 2001년도에 우리나라에도 번역되어 소개가 되기도 했습니다. 인생을 변화시키기 위한 출발점이 거창한 데 있는 것이 아니라 나 스스로의 생각과 습관부터 바꿔야 한다는 내용을 담기 위해서, '단지 1분이 걸린다 (It takes a minute…)라는 다소 파격적인 제목을 사용했는데요. 여러분도 이 문장의 구문을 이해하시는데 1분이면 됩니다.^^ (It takes you only a minute to get this pattern!)

Pattern Note 15

It takes me a minute to change my life./It takes a minute for me to change my life.
내가 인생을 변화시키는 데는 일분이 걸린다.

It takes ~ to~ 는 '~하는데 얼마만큼의 시간이 걸리다' 라는 표현이고, 이 때 구체적인 주어를 언급하고자 할 경우, 예를 들어 '내가 ~하는데 시간이 얼마만큼 걸린다' 라고 하면, It takes me ~ to 또는 It takes ~ for me to~ 로 표현할 수 있다.

● 다음 우리말 문장의 표시된 부분이 영어 문장에서 어떻게 바뀌었는지 해당 부분에 밑줄을 그어보세요.

저는 출근하는 데 한 시간 정도 걸립니다.
숙제하느라 하루밤이 꼬박 걸렸어요.
음악을 내 컴퓨터에 내려받는데 하세월 걸린다.
제 제품을 받기까지 얼마나 걸리나요?

It takes me about an hour to get to work.
It took me all night to do the homework.
It takes forever to download music to my computer.
How long does it take to receive my products?

It <u>takes me about an hour</u> to get to work.
It took me all night long <u>to do the homework</u>.
It takes forever <u>to download music to my computer</u>.
<u>How long does it take</u> to receive my products?

● 아래의 우리말 문장을 영작하려고 합니다. 밑줄친 부분을 중심으로 완성해 보세요.

저는 <u>세미나 준비하는 데</u> 보통 2주 이상 걸립니다.
제가 백만장자가 되기위해서 <u>얼마나 걸리겠어요</u>?
<u>그녀의 상황을 이해하는 데</u> 시간이 좀 걸렸다.
그가 정신병을 회복하는데 <u>십년이 걸렸다</u>.

It usually takes me more than two weeks to prepare for the seminar .

☐ _____ for me to become a millionaire?
☐ It took me a while _____ .
☐ It _____ for him to recover from mental illness.

It usually takes me more than two weeks <u>to prepare for the seminar</u>.

<u>How long will it take</u> for me to become a millionaire?

It took me a while <u>to understand her situation</u>.

<u>It took ten years</u> for him to recover from mental illness.

보보샘 거들기

It takes ~ to~라는 기본 문형으로, 시제를 변형하여 It took ~ to~, It will take ~ to~도 만들어보고, 걸리는 시간을 how long으로 대체하여 의문문 How long does it take~ to~ 등도 만들어 보았습니다. to부정사의 의미상의 주체는 it takes me a minute to~, it takes a minute for me~ 두 가지 방법으로 언급할 수 있구요. 또한 세월아 네월아 한다…하루 왼종일 걸린다… 등의 부정적인 문장을 만들기 위해서 It takes forever~라는 표현도 있으니 언젠가 꼭 써보시기 바랍니다.

달인은 알고 있다!

It takes time 시간이 걸려요~ It takes courage 용기가 걸려요~(?)

It takes five minutes to change clothes 옷 갈아 입는데 5분 걸려요.

It takes courage to change life. 인생을 바꾸는 데는 용기가 필요해요.

'It takes~to~' 구문은 '시간이 걸린다' 라는 의미뿐만 아니라, '~하는데 ~가 필요하다' 라는 문장을 만들 수도 있습니다. 즉, take가 demand나 require의 의미로 쓰이는 것이지요. 위의 예문을 보면, five minutes가 courage라는 명사로 바뀌었을 뿐 문장의 패턴은 동일하고, 의미도 '시간이 걸린다' 와 '용기가 요구된다' 로 연결된다는 것을 알 수 있습니다.

11. 통뼈만들기

앞서 배운 Pattern (It takes~ to~)과, 주어진 표현을 활용하여 영작해보세요

1. 네가 공항에 도착하는 데는 한 시간이 걸릴 거야. (to get to the airport)
2. 당신이 이 지시문을 읽는 데는 단 1분이면 됩니다. (to read this instruction)
3. 사진들은 현상하는 데 얼마나 걸릴까요? (to develop the pictures)
4. 경찰이 도착하는 데 20분 걸렸다. (to arrive)

보보샘 거들기

1. It will take an hour for you… 혹은 It will take you an hour …
2. 단 1분이라고 하니, It only takes a minute 또는 It takes only a minute라고 할 수 있겠습니다.
3. 의문문이고 (it will take → will it take) '얼마나' 라는 의문사가 필요하니 (how long) → How long will it take~
4. 과거시제이니 It took~이 되어야겠지요.

보보샘은 이렇게 영작했어요

1. It will take you an hour to get to the airport.
2. It only takes a minute for you to read this instruction.
3. How long will it take to develop the pictures?
4. It took 20 minutes for the police to arrive.

보보샘의 소소한 영어 이야기

The advent of the e-book and the future of the paper book (III, continued from p.130)

This time, let's turn our visual angle to the paper book, which looks a little bit shabby or even losing compared to the e-book at a first casual glance. First of all, you will need a super size bag together with strong and durable arms to carry the same amount of content as an e-book can contain. As you imagine, it may not be even possible. To our further disappointment, the paper book can show us the text and some pictures at most. We ourselves do not even expect the paper book to sing a song or play animation or things like that. Wait a minute! You can make a sound or move your book while reading for yourself if you want any special effect! When it comes to purchase, you have to go to a bookstore and spend some time searching out books. Remember the bookstore usually closes at night. But, don't worry! You can buy a paper book from an on-line bookstore. Then, the process to purchase of a paper book sounds as convenient as that of an e-book. Oops! You have to wait for the paper book you ordered to be delivered to your place unlike the immediate action of the e-book. Take it easy, sit back, and just wait! What if you want to go back to one of the previous pages in the middle of reading? If you are lucky, you will be able to locate the page in mind without delay. Other than that, as you read, you should do something to the pages in mind like folding the edge of a paper, underlining, or using a bookmark so that you can locate those pages whenever you want to go back to and read them again.

< To be continued…>

　이번엔, 대충 훑어봐도 좀 볼품없으며, 전자 책과 비교 시 실패한 것처럼 보이기까지 하는 종이 책으로 시선을 돌려보자. 우선, 전자 책이 담을 수 있는 것과 같은 분량의 컨텐츠를 들고 다니려면, 당신은 힘세고, 오래가는 두 팔과 함께 특대 사이즈의 가방이 필요할 것이다. 예상하는 바와 같이, 이는 가당치도 않은 얘기다. 더욱 실망스러운 것은, 종이 책은 기껏해야 우리에게 텍스트와 그림들이나 보여줄 수 있다는 것이다. 우리 스스로도 종이 책이 노래를 한다거나, 만화영화를 보여준다거나 하는 것들을 기대 조차 하지 않는다. 잠깐만! 독서 중, 특수 효과를 원한다면, 당신이 직접 소리를 내거나 책을 움직여 볼 수도 있긴 하겠다. 구매에 대해서는, 당신은 서점에 가서 책을 찾는 데 시간을 소비해야만 한다. 서점은 밤에는 문을 닫는다는 사실을 명심하라. 하지만, 걱정은 하지 말 것! 온라인 서점에서 구입할 수도 있으니깐. 그렇다면, 종이 책을 구매하기 위한 절차는 전자 책의 그것과 별반 다를 게 없다는 것처럼 들리는군. 이런! 전자 책의 즉각적인 처리와는 달리, 종이 책은 당신이 있는 곳으로 배달될 때까지 기다려야 하지 않는가? 조급해하지 말고, 뒤로 편하게 앉아 기다리라. 독서 중에 이전 페이지로 가고 싶다면 어떻게 할까? 운이 좋다면, 마음에 두고 있는 페이지를 쉽게 찾을 수도 있다. 그렇지 않은 경우에는, 독서를 하면서, 페이지 끝을 접거나, 밑줄을 치거나, 북마크를 사용하는 등, 독서 중 언제든지 다시 읽고자 하는 페이지로 돌아갈 수 있도록 무언가를 해야 한다.

Frame 16   How deep is your love?
당신의 사랑의 깊이는?

1. 칼슘먹기

BeeGees의 'How deep is your love'는 1977년 발표된 이후, 여러 후배 가수들이 리메이크를 한 Pop의 Oldest but Goodies 중의 한 곡이지요.

How deep is your love? I really need to learn….
당신의 사랑의 깊이가 얼마나 깊은 지…꼭 좀 알아야겠다고 하는데요…
이렇게 '얼마나 ~~합니까?'를 묻고 싶을 때, 꼭 등장하는 문장 패턴이 있습니다…

Pattern Note 16

How deep is your love? 당신의 사랑은 얼마나 깊은가요?

'how + 형용사/부사', 'how + 형용사 + 명사'로 의문문을 만들어 수량, 거리, 시간, 빈도 등을 표현할 수 있다. 주로 how many, how much, how long, how far, how often 등의 표현이 만들어진다.

● 다음 우리말 문장의 표시된 부분이 영어 문장에서 어떻게 바뀌었는지 해당 부분에 밑줄을 그어보세요.

제가 얼마나 오래 기다려야 하지요?
우리가 로라와 함께 얼마나 많은 시간을 보낸거지?
나무에서 사과가 얼마나 멀리 떨어지나요?
머리를 얼마나 짧게 자르고 싶으신데요?

How long do I have to wait?
How much time did we spend with Lora?
How far does the apple fall from the tree?
How short do you want to cut your hair?

How long do I have to wait?
How much time did we spend with Lora?
How far does the apple fall from the tree?
How short do you want to cut your hair?

● 아래의 우리말 문장을 영작하려고 합니다. 밑줄친 부분을 중심으로 완성해 보세요.

입덧이 <u>얼마나 빨리</u> 시작되죠?
내가 그걸 <u>몇 번을</u> 얘기해야 돼?
우주는 <u>얼마나 큰가요</u>?
인간의 키는 <u>얼마만큼 크게</u> 자랄 수 있나요?

How soon   does morning sickness start?
_____   do I have to tell you about it?
_____   is the universe?

↳ _____ can a human grow?

How soon does morning sickness start?
How many times do I have to tell you about it?
How large is the universe?
How tall can a human grow?

🌸 보보샘 거들기

How many는 수를, how much는 양은, how long은 기간을, how far는 거리를, how soon은 시간을, how tall은 키를, 그 외에도, how large, how short 등등 형용사, 부사 단독으로, 혹은 명사와 함께 여러가지 의문문을 만들게 됩니다. 이 때 문장 뒷부분에 be동사나 조동사가 있으면 주어와 be/조동사를 뒤집기만 하면 되구요. 일반동사가 있는 문장은 do/does를 추가하여 의문문을 완성하시면 됩니다.

11. 통뼈만들기

앞서 배운 Pattern (how~)과, 주어진 표현을 활용하여 영작해보세요.

1. 얼마나 빨리 타이핑하실 수 있나요? (fast, type)
2. 영화는 얼마나 자주 보러가세요? (often, go)
3. 이 세상에는 얼마나 많은 사람들이 있지요? (many, be)
4. AIDS에 대해 얼마나 알고 계세요?

🌸 보보샘 거들기

1. 능력을 묻고 있으니 조동사 can을 추가하여 How fast can you ~?

2. 시제는 현재시제이므로 How often do you….가 되겠지요. '영화보러가다'는 관용적으로 go to the movies의 복수명사를 사용한답니다.

3. 이 세상에는 in the world

4. 셀 수 없는 추상적인 지식의 양을 물어보므로, how much~가 되겠네요.

보보샘은 이렇게 영작했어요

1. How fast can you type?
2. How often do you go to the movies?
3. How many people are in the world?
4. How much do you know about AIDS?

Frame 17 I get so jealous that I can't even work.
난 너무 질투가 나서 일도 못하겠어.

1. 칼슘먹기

언제부터인가 '미드'라 불리우는 미국드라마 시청 붐이 일더니, 아직까지 그 열풍이 식지 않고 이어지고 있습니다. The Lword라는 제목의 드라마는 젊은 여성들의 동성연애라는 다소 파격적인 소재를 다루고 있어, 일부 매니아들의 사랑을 받았다고 합니다.

I get so jealous that I can't even work (난 너무 질투가 나서 일도 못하겠어.)는 이 드라마의 OST에 수록된 곡인데요. Tegan & Sara라는 쌍둥이 가수가 불렀다고 하네요. '질투가 나서 일을 못하겠다'라는 원인과 결과를 하나의 문장으로 묶어서 so jealous that I can't~와 같이 표현했지요?

Pattern Note 17

I get so jealous that I can't even work. 너무 질투가 나서 일도 못하겠어.

so 형용사 that~, such a 명사 that~은 '너무 ~해서 ~하다/~못하다'라는 원인과 결과를 나타낸다. 그러나, so that을 붙여서 쓰게 되면, 목적을 의미하는 '~하

'려고'가 되니 그 쓰임에 주의해야 한다.

I started earlier so that I wouldn't be late. 지각하지 않으려고 일찍 출발했다.

● 다음 우리말 문장의 표시된 부분이 영어 문장에서 어떻게 바뀌었는지 해당 부분에 밑줄을 그어보세요.

음악이 너무 커서 우리에게 두통을 주고 있다.
너무 붐비는 곳이라 우리는 그녀를 찾을 수가 없었다.
그는 내가 그에게 연락할 수 있도록 내게 자기 전화 번호를 주었다.
그녀는 아무도 그녀를 알아보지 못하도록 선글라스와 모자를 썼다.

The music is so loud that it's giving us a headache.
It is such a crowded place that we cannot find her.
He gave me his number so that I could contact him.
She wore sunglasses and a hat so that no one would recognize her.

The music is <u>so loud that</u> it is giving us a headache.
It is <u>such a crowded place that</u> we cannot find her.
He gave me his number <u>so that I could contact him</u>.
She wore sunglasses and a hat <u>so that no one could recognize her</u>.

● 아래의 우리말 문장을 영작하려고 합니다. 밑줄친 부분을 중심으로 완성해 보세요.

굉장히 훌륭한 영화라서 나는 그 영화를 세 번이나 봤다.
나는 지각하지 않기 위해서 서둘렀다.
나는 너무 배가 고파서 말이라도 먹을 수 있을 것 같다.
그 지원자는 너무 불안해져서 지시사항을 들을 수 없었다.

- It's such <u>a great movie that</u> I have seen it three times.
- I hurried _____.
- I am _____ I could eat a horse.
- The applicant _____ he couldn't hear the instructions

It is such <u>a great movie that</u> I have seen it three times.

I hurried <u>so that I wouldn't be late</u>.

I am <u>so hungry that</u> I could eat a horse.

The applicant <u>got so nervous that</u> he couldn't hear the instructions.

보보샘 거들기

So~ that이 떨어져있으면 '~해서 ~하다'는 결과를, so that이 붙어 있으면 '~하기 위해서~하다'는 목적을 표현하고, 주로 so that ~can/may/will등과 결합이 됩니다.

I am so hungry that I could eat a horse.에서 eat a horse는 정말로 말을 먹는다는 얘기가 아니라, 말 한 마리도 먹을 수 있을 만큼 배고픈 상태가 심하다는 말로, '배고프다'의 재미있는 표현입니다.

달인은 알고 있다!

so~ that~ cannot~이 바로 투투(too~ to)!

의미를 생각해 볼 때, so~that~cannot절과 투투용법(too~to)은 매우 유사합니다.

I was so nervous that I couldn't even breathe.
I was too nervous to breathe.
(화가 너무 나서 숨을 못 쉬겠더라고.)

목적의 의미를 갖는, 붙어있는 'so that~' 절은 so as to/in order to와 비교될 수 있겠습니다.

You should come early so that you can see many people.
You should come early so as to see many people.
(많은 사람들을 보려면 일찍 와야 해.)

11. 통뼈만들기

앞서 배운 Pattern (so~ that, so that~)과, 주어진 표현을 활용하여 영작해보세요.

1. 이 게임은 아주 쉬워서 누구나 할 수 있다. (easy, can do)
2. 나는 너무 바빠서 먹는 것도 잊었다. (busy, forget to)
3. 버스를 놓치지 않도록 일찍 떠나시오. (leave, miss the bus)
4. 날씨가 너무 좋아서 우리는 산책하러 나갔다. (nice weather, go out for a walk)

보보샘 거들기

1. 누구나 할 수 있다. Anyone can play it.
2. 밥먹는 것을 잊다 forget to eat
3. 목적을 나타낼 때에는 so that을 붙여 주시고, '~않도록'이니까, so that you won't~
4. weather는 불가산명사이기 때문에 관사 없이 such nice weather

보보샘은 이렇게 영작했어요

1. This game is so easy that anyone can play it.
2. I was so busy that I forgot to eat.
3. Leave early so that you won't miss the bus.
4. It was such nice weather that we went out for a walk. / The weather was so nice that we went out for a walk.

Frame 18 As long as you love me...

당신이 나를 사랑하기만 한다면야…

1. 칼슘먹기

1990년대 초반에 등장해서, 소녀들의 폭발적인 사랑을 한 몸에 받은 오빠부대 중에 단연 Backstreet Boys를 들 수 있을 것 같습니다. 이름과 달리 '뒷골목 오빠'들이 아닌 최정상의 그룹이었는데요. 그들의 노래 중에 As long as you love me라는 곡이 있지요.

> I don't care who you are, where you're from, what you did, as long as you love me.
> '당신이 누구인 지, 어디서 왔는 지, 무엇을 했는 지 상관없습니다. 당신이 날 사랑하기만 한다면요…'

As long as 뒤에 you love me라는 문장(절)이 온 걸로 봐서, 접속사인 것 같고, 의미상 if와 맥을 같이 하는 느낌이네요.

Patten Note 18

As~as로 만들어지는 접속사 셋!

as long as : ~하는 한, ~하기만 하다면, if 대체어구로 사용될 수 있다.

as far as: ~에 관한한, ~바로는, 주로 as far as I am concerned, as far as I know, as far as I remember 등의 형식으로 쓰인다.

as soon as: ~하자마자, 거의 동시에 일어난 사건을 열거할 때 쓸 수 있는 접속사

● 다음 우리말 문장의 표시된 부분이 영어 문장에서 어떻게 바뀌었는지 해당 부분에 밑줄을 그어보세요.

날씨만 괜찮다면, 우리는 운동장에서 축구를 할 것이다.
당신이 내가 필요하다고 하면, 당신과 함께 있을게요.
그가 도착하자마자, 내가 다 얘기해 버릴거야.
수학에 관한 한, 제레미는 누구에게도 뒤지지 않는다.

- As long as the weather is fine, we will play football or the playground.
- I'll stay with you for as long as you need me.
- As soon as he arrives, I will tell him everything.
- As far as mathematics is concerned, Jeremy is second to none.

<u>As long as the weather is fine</u>, we will play football in the playground.
I'll stay with you <u>as long as you need me</u>.
<u>As soon as he arrives</u>, I will tell him everything.
<u>As far as mathematics is concerned</u>, Jeremy is second to none.

● 아래의 우리말 문장을 영작하려고 합니다. 밑줄친 부분을 중심으로 완성해 보세요.

<u>음악에 관한 한</u>, 나는 특히 rock 음악을 사랑한다.
<u>너의 선생님께 말씀만 드린다면야</u>, 하루 결석은 괜찮아.
<u>내가 기억하기로는</u>, Mr. Rex는 굉장히 까다로운 상사였어.

회의 끝나자마자, 점심 먹자.

<u>As far as</u>   , I especially love rock.
                          , one day's absence is fine.
                          , Mr. Rex was a very demanding boss.
Let's have lunch   .

<u>As far as music is concerned</u>, I especially love rock.
<u>As long as you tell your teacher</u>, one day's absence is fine.
<u>As far as I remember</u>, Mr. Rex was a very demanding boss.
Let's have lunch <u>as soon as the meeting finishes</u>.

보보샘 거들기

As long as는 if와 비슷한 '~하기만 한다면' 이라는 뜻을, as far as는 '~바로는, ~에 관한한' 이라는 뜻으로, 의견을 피력하고자 할 때, 그리고 as soon as는 시간관련 접속사로 '~하자마자' 의 의미를 갖고 있습니다.

시간과 조건을 나타내는 부사절에서는 미래시제가 현재시제로 대체되므로, as soon as (시간), as long as (조건)의 접속사절은 미래의 의미라 할 지라도, 현재시제 동사가 쓰입니다.

demanding이라고 하면, 굉장히 요구하는 게 많아서 까다로운 사람을 묘사하는 형용사입니다. He is a demanding user 그는 까다로운 사용자이다.

11. 통뼈만들기

앞서 배운 Pattern (as~as)과, 주어진 동사들을 활용하여 영작해보세요.

1. 내가 살아있는 한, 오늘을 잊지 않을 것이다. (alive, forget)
2. 제 의견을 말씀드리자면, 저는 그의 제안을 받아들이고 싶지 않습니다. (be concerned, accept)
3. 당신이 운전면허증만 있다면야, 내 차를 몰 수 있지요. (have, use)
4. 내가 알기로는, 그사람은 의사가 아니라 간호사야. (know, be)

보보샘 거들기

1. 내가 살아있는 한, 즉 '내가 살아있기만 하다면' 이므로 as long as I am alive가 되겠네요.
2. '제 의견을 말씀드리자면'은 '저의 의견에 관한한…' 따라서 As far as I am concerned가 되겠습니다. 흔히 쓰는 in my opinion과 비슷하지요.
3. 운전면허증만 있다면야…. If의 의미이지요. 따라서 as long as you have a driver's license…
4. 내가 알기로는, 내가 아는 바로는 as far as I know, Not A but B A가 아니라 B다

보보샘은 이렇게 영작했어요

1. As long as I am alive, I will never forget today.
2. As far as I am concerned, I don't want to accept his proposal.
3. You can use my car as long as you have a driver's license.
4. As far as I know, he is not a doctor but a nurse.

Frame 19 Every time I close my eyes…
눈을 감을 때마다…

1. 칼슘먹기

Every time I close my eyes, I thank the lord that I've got you.
나는 눈을 감을 때마다, 당신을 만난 것을 신께 감사한다.

미국의 유명한 R&B(Rhythm and Blues) 작곡가이자, 가수 겸 프로듀서인 Babyface가 부른 Every time I close my eyes라는 곡의 후렴부분입니다. 곡 전체에 '나와 사귀어 주시다니… 성은이 망극하여이다…'와 같은 기류가 흐르는 곡인데요. '~할 때마다'를 표현하기 위해, 아주 쉬운 단어 두 개가 사용되었지요?

Pattern Note 19

Every time I close my eyes… 내가 눈을 감을 때마다…

Every time 주어 동사 : ~할 때마다 (Whenever + 주어 + 동사)
이 때 every와 time은 두 개의 단어로서 반드시 띄어쓰기 해야 한다.
Every time (o) everytime(x)

● 다음 우리말 문장의 표시된 부분이 영어 문장에서 어떻게 바뀌었는지 해당 부분에 밑줄을 그어보세요.

회사에서 아침에 그를 볼 때마다, 그는 검은색 정장 차림이다.
당신은 떠나갈 때마다, 절대 '안녕' 이라고 말하지 않는군요.
우리의 서비스는 당신이 필요로 하실 때마다, 어디에서든 지, 어떻게 서비스를 원하시든 지 간에 항상 준비되어 있습니다.
왠지 스파게티가 먹고픈 날에는 언제든 지 Spaghetto를 주저 말고 찾아주십시오.

Every time I see him at work in the morning, he is in a black suit.
Every time you go away, you never say good-bye.
Our service will always be ready for you whenever, wherever, and however you need it.
Whenever you are in the mood for spaghetti, don't hesitate to visit Spaghetto.

Every time I see him at work in the morning, he is in a black suit.
Every time you go away, you never say good-bye.
Our service will always be ready for you whenever, wherever, and however you need it.
Whenever you are in the mood for spaghetti, don't hesitate to visit Spaghetto.

● 아래의 우리말 문장을 영작하려고 합니다. 밑줄친 부분을 중심으로 완성해 보세요.

회사에서 내가 그녀를 볼 때마다, 항상 손에 두꺼운 파일을 갖고 있다.
아버지께서는 혼자이고 싶을 때마다, 혼자서 낚시를 가곤 하셨다.
책을 한 권 사실 때 마다, 보너스 포인트를 버시는 겁니다.
로그온 하려고 할 때마다, 사용자 이름이 옳지 않다고 한다.

Whenever I see her at work, she always has a thick file in her hand.

└Whenever my father _____, he went fishing by himself.
└Every time _____, you earn bonus points.
└Every time _____, I am told my user name is incorrect.

Whenever <u>I see her</u> at work, she always has a thick file in her hand.
Whenever my father <u>wanted to be alone</u>, he went fishing by himself.
Every time <u>you buy a book</u>, you earn bonus points.
Every time <u>I try to log on</u>, I am told my user name is incorrect.

🌸 보보샘 거들기

Every time~과 Whenever~는 결국 접속사로서 아주 흡사하게 사용되는 것을 알 수 있습니다. Whenever you need it (당신이 그것을 필요로 할 때마다)에서 whenever를 wherever로 바꾸게 되면 wherever you need it (당신이 그것을 필요로 하는 곳 어디에서나), 또 however you need it (당신이 그것을 어떻게 필요로 하든 지) 등으로 응용할 수 있습니다.

be in the mood for~라는 표현은 '그냥 뭔가가 땡기는..' '~하고 싶은'의 의미입니다.
Ex>I am in the mood for singing today. 오늘은 왠지 노래가 부르고 싶다.

11. 통뼈만들기

앞서 배운 Pattern을 바탕으로 주어진 표현을 활용하여 영작해보세요.

1. 나는 장미를 볼 때마다, 우리 엄마가 생각난다. (whenever, think of)
2. 그녀가 달릴 때마다, 나는 웃지 않을 수가 없다. (every time, cannot help)
3. 누군가와 이야기를 하고 싶을 때는 언제든지 제게 전화하세요. (whenever, call)

4. 아버지는 집에 오실 때마다, 아이스크림을 사오신다. (every time, get)

보보샘 거들기

1. think of~ ~가 생각나다
2. can not help ~ing ~하지 않을 수 없다 cannot help laughing 웃음을 참을 수가 없다
3. talk to someone 누군가와 이야기를 하다
4. '아이스크림을 사온다' 는 동사 get하나만으로도 충분합니다.

　　Can I get you some ice cream? 내가 아이스크림 사다 줄까?

보보샘은 이렇게 영작했어요

1. Whenever I see a rose, I think of my mother.
2. Every time she runs, I can't help laughing.
3. Whenever you want to talk to someone, just call me.
4. Every time my father comes home, he gets some ice cream.

Frame 20 Life is not always fair.
인생이 항상 공평한 것은 아니다.

1. 칼슘먹기

Life is fair! 인생은 공평하다.
Life is not always fair! 인생이 항상 공평한 것은 아니다.

위 두 문장의 의미는 서로 상충이 되긴 하지만, 모두 공감 가는 말인 것 같습니다. 아무리 축복받은 인생이라 할 지라도, 모든 것을 다 가질 수는 없는 것 같다가도, 주변을 보면 꼭 그런 것 만은 아닌 것 같고 말이지요. 공부도 잘하고, 예쁘고, 성격도 좋은데다, 유모감각까지 있는 친구들을 보면 딱 떠오르는 말이 바로 Life is not always fair!~

이른바 '부분 부정' 이라고 하는 부정의 방식인데요. '모두 (아무도) ~하지 않다' 가 완전부정이라면, '모두가 ~한 것은 아니다.' 와 같이 부분을 부정하고, 일부는 긍정의 여지를 남겨두는 부정을 '부분부정' 이라고 할 수 있겠지요.

Pattern Note 20

부정문을 만드는 부사 not와 always, necessarily, totally, completely 등의 부사

가 결합을 하면, '항상, 반드시, 완전히 ~것은 아니다'와 같은 부분 부정문이 됩니다.

Teachers are not always right. 선생님이라고 항상 옳은 것은 아니다.

● 다음 우리말 문장의 표시된 부분이 영어 문장에서 어떻게 바뀌었는지 해당 부분에 밑줄을 그어보세요.

인생이 항상 우리의 이상을 반영하지는 않는다.
어느 것이 좋을 지를 결정하는 것이 항상 쉬운 것만은 아니다.
이것이 반드시 모두가 경고를 받아야 한다는 것을 의미하는 것은 아니다.
현재의 교육 프로그램이 우리 아이들의 문제를 완전히 해결해줄 수는 없다.

Life does not always reflect our ideals.
It's not always easy to decide which one is better.
This doesn't necessarily mean that everyone should be warned.
The current education program cannot completely solve our children's problems.

Life <u>does not always reflect</u> our ideals.
It's <u>not always easy</u> to decide which one is better.
This <u>doesn't necessarily mean</u> that everyone should be warned.
The current education program <u>cannot completely solve</u> our children's problems.

● 주어진 부사를 활용하여 아래의 우리말 문장을 영작하려고 합니다. 밑줄친 부분을 중심으로 완성해 보세요.

이 결과는 <u>완전히 예상치 못한 것은 아니지만</u>, 모두가 충격을 받았다. (totally)
처방에 관한 한, <u>의사들이 항상 최선을 아는 것은 아니다</u>. (always)
<u>반드시 모든 숫자를 다 외우실 필요는 없어요</u>. (necessarily)

내 일정은 아직 완전히 확정되지는 않았다. (completely)

This result was not totally unexpected , but everyone was shocked.
Doctors _____ best when it comes to medications.
You don't _____ to memorize all the figures.
My schedule has not been _____.

This result was not <u>totally unexpected</u>, but everyone was shocked.
Doctors <u>don't always know</u> best when it comes to medications.
You don't <u>necessarily need</u> to memorize all the figures.
My schedule has not been <u>completely fixed</u>.

🌀 보보샘 거들기

전체부정과 부분부정

부분부정과 달리 전체를 부정하고자 하는 강한 의미의 부정문을 만들 때는, never와 같은 부사를 사용하거나, 대명사의 경우 nothing, nobody, none, neither 등이 함께 옵니다.

Life is not always fair. 인생이 항상 공평한 것은 아니다.
Life is never fair. 인생은 결코 공평하지 않다.
Everybody does not like me. 모두가 나를 좋아하지는 않는다.
Nobody likes me. 아무도 나를 좋아하지 않는다.
I don't know both of them. 나는 그들 둘을 다 아는 것은 아니다.
I know neither of them.(I don't know either of them.) 나는 그들 둘 다 모른다.

'항상, 반드시, 완전히… ~한 것은 아니다.' 라는 표현은 애매모호하면서도, 열려있는 표현이라고 볼 수 있습니다. '내가 늘 화를 내는 것은 아니야' 라고 할 경우, 화를 안내는 경우도 꽤, 제법 된다는 얘기지요. 구체적으로 따져보긴 어렵겠지만…

Not always는 주로 빈도수와 관련된 부분부정을, not necessarily는 의무와 관련된 부분부정을, not completely 와 not totally는 정도와 관련된 부분부정을 나타냅니다.

11. 통뼈만들기

앞서 배운 부분부정 Pattern(not always, etc…)과 주어진 표현을 활용하여 영작해 보세요.

1. 단순한 이야기가 항상 단순한 의미를 전달하는 것은 아니다. (not always, carry)
2. 훌륭한 관리자가 반드시 훌륭한 지도자와 동일한 것은 아니다. (not necessarily, be equal to)
3. 디지털북이 종이책을 완전히 대체할 수는 없을 것이다. (never totally, replace)
4. 내 식기세척기는 접시들을 완전히 깔끔하게 해주지는 않는다. (not completely, clean)

보보샘 거들기

1. 단순한 이야기와 단순한 의미 모두 복수로 맞추어서 simple stories, simple meanings
2. 반드시 ~한 것은 아니다 not necessarily~
3. 완전히 ~할 수는 없을 것이다 – will never totally~, 디지털북은 그대로 Digital books나 E-book이라고도 하지요.
4. 깨끗한 정도가 완전하지는 않다는 얘기이므로 completely가 적당합니다. not completely clean~

보보샘은 이렇게 영작했어요

1. Simple stories don't always carry simple meanings.
2. Good managers are not necessarily equal to good leaders.
3. Digital books will never totally replace paper books.
4. My dishwasher does not completely clean the dishes.

보 보샘의 소소한 영어 이야기

The advent of the e-book and the future of the paper book (IV, continued from p.152)

Now, you might be on your way out of here thinking the e-book as a winner. You might suppose that the e-book will replace the paper book in the near future. You might think that the e-book deserves it. You might feel inclined to throw away all your paper books on the shelf. But, please hold on! My analysis on two types of books has not finished yet.

First of all, I looked at "Is it easy to carry?" as the first criterion. Yes, quite obviously, the e-book is far much easier to carry. However, I would like to focus more on the emotional weight of the book. When I carry or read a paper book, I feel the book belongs to me and even treat it tenderly to avoid any damage. One day, if I happen to see my favorite book covered with dust on the shelf, I might feel a little guilty to let it alone for long, and take it out from the shelf and wipe the dust off the book. On the other hand, the e-book is a file type of book, which means I can see and read it but cannot physically have it or hold it. <To be continued…>

이제, 당신은 '전자 책 승!'이라는 생각으로 더 이상 이 글을 읽지 않으려 할 지도 모르겠다. 아마 전자 책이 조만간 종이 책을 대체해버릴 거라 생각할 수도 있을 것이다. 전자 책은 그럴만한 가치가 있다고 생각할 수도 있다. 책꽂이 위의 종이 책을 죄다 갖다 버리고 싶은 심정일 지도 모른다. 그러나, 여기서 잠깐! 종이 책과 전자 책, 둘에 관한 나의 분석은 아직 끝나지 않았다.

우선, 나는 첫 번째 기준으로 "휴대가 간편한가?"라는 질문을 던졌었다. 그렇다. 분명 전자 책이 훨씬 들고 다니기가 용이하다. 하지만, 나는 책이 가지는 감정적인 무게에 초점을 맞추고 싶다. 종이 책을 들고 다니거나 읽을 때는, 난 그 책이 내 것이라는 소유의식을 느끼면서, 혹시 상하지나 않을까 조심스럽게 책을 다루게 된다. 어느 날 책장 위에서 내가 좋아하는 책을 먼지에 덮인 채로 마주하게 된다면, 난 아마도 그 책을 오랫동안 홀로 버려두었다는 죄책감에 사로잡힐 지도 모른다. 그리고서는 책장에서 꺼내 먼지를 닦아줄 지도 모르겠다. 반면에, 전자 책은 파일 형태의 책, 즉 내가 보고 읽을 수는 있지만, 물리적으로 소유하거나 손에 쥘 수 없는 형태이다.

Frame 21 It must have been love!

사랑이었음에 틀림없어!

1. 칼슘먹기

　1990년도에 신데렐라 콤플렉스를 소재로 한 영화 한 편이 등장합니다. 결과가 뻔히 내다보이고, 어떤 갈등을 보이겠구나 짐작이 가고도 남을 만한 영화였지만, 여성들을 사로잡는 tiecket power가 있었더랬지요. 바로 Julia Robert와 Richard Gere 주연의 Pretty Woman이었는데요. 이 영화의 OST중 한 곡이 Roxette이 부른 It must have been love이었습니다.

　영화를 보신 분이라면 기억하는 분들이 많으실 겁니다. 이별 후에 Limousine을 타고 집으로 돌아가는 Julia의 모습과 함께 흘러나왔었지요. 남녀 주인공이 여러 일들을 겪은 후에 과거를 돌아보며, '그래, 그건 분명 사랑이었어' 하면서 다시 사랑을 찾아간다는.. 모 그런 진부하다면 진부한 내용과 부합하는 가사인 것 같습니다.

Pattern Note 21

It must have been love 그건 사랑이었음에 틀림없어!

긍정적인 확신

Must be: ~임에 틀림없어 (현재 사실에 대한 확신)

Must have p.p: ~였음에 틀림없어 (과거 사실에 대한 확신)

부정적인 확신

Cannot be: ~일리가 없어 (현재 사실에 대한 확신)

Could not have p.p: ~였을리가 없어 (과거 사실에 대한 확신)

● 다음 우리말 문장의 표시된 부분이 영어 문장에서 어떻게 바뀌었는지 해당 부분에 밑줄을 그어보세요.

지원자들을 평가하는 더 나은 방법이 분명히 있을 겁니다.
그에게 무슨일이 틀림없이 일어났어.
그녀가 그렇게 악질 거짓말쟁이일리가 없어.
이 검색엔진이 그 중요한 데이터를 놓쳤을 리가 없지.

There must be a better way to evaluate candidates.
Something must have happened to him.
She can't be such a bad liar.
This search engine couldn't have missed the important data.

There must be a better way to evaluate candidates.
Something must have happened to him.
She cannot be such a bad liar.
This search engine couldn't have missed the important data.

● 아래의 우리말 문장을 영작하려고 합니다. 밑줄친 부분을 중심으로 완성해 보세요.

다이안은 무슨 문제가 있는 게 틀림없어; 계속 울고 있잖아.
그는 그 영화를 여러 번 봤던 게 틀림없어.
이 늦은 시간에 그 사람들이 일을 하고 있을 리가 없지.

샘이 숙제를 <u>마쳤을 리가 없어</u>.

Diane ⬜must have⬜ some problems; she keeps crying.
He ⬜⬜⬜ the movie several times.
They ⬜⬜⬜ at this late hour.
Sam ⬜⬜⬜ his homework.

Diane <u>must have</u> some problems; she keeps crying.

He <u>must have seen</u> the movie several times.

They <u>cannot be working</u> at this late hour.

Sam <u>couldn't have done</u> his homework.

보보샘 거들기

조동사 must는 강한 의무를 나타내기도 하지만, 위에서처럼 확신감이 넘치는 추측의 의미로도 쓰입니다. 주로 must be와 같이 be동사와 함께 쓰이지만, Diane must have some problems 처럼 일반동사와 결합하기도 합니다. 또한 과거의 사실을 추측할 때에는 must have pp의 형태가 된다는 점도 기억해 두셔야 할 점입니다.

조동사 can은 가능, 능력의 의미 외에도, 추측을 나타내는 데, 주로 부정문이나 의문문의 형태에서 쓰입니다.

His story cannot be true. 그의 얘기는 사실일 리가 없어.

Can his story be true? 그의 얘기가 사실일까? (사실이 아닌 것 같은데…)

11. 통뼈만들기

앞서 배운 Pattern(must/can't, couldn't + be, have been)과 주어진 표현을 활용하여 영작해보세요.

1. 이 방안의 누군가가 용의자임에 틀림없습니다. (must be, suspect)
2. 그는 자신의 웹사이트로부터 틀림없이 돈을 많이 벌었을 거예요. (must have pp. make)
3. 이 끔찍한 소식이 사실일 리가 없어요. (can not be, true)
4. 그 여자가 유명한 여배우였을 리 가 없어요. (couldn't have been, famous)

보보샘 거들기

1. 현재 사실에 대한 강한 추측은 must be가 맞겠지요.
2. 돈을 벌었다는 과거 사실에 대한 강한 추측이므로 must have made
3. 현재 사실에 대한 부정적인 추측이므로 cannot be
4. 과거 사실에 대한 부정적인 추측이므로 couldn't have pp

보보샘은 이렇게 영작했어요

1. Somebody in this room must be a suspect.
2. He must have made a lot of money from his website.
3. This terrible news cannot be true.
4. She couldn't have been a famous actress.

Frame 22 I'd rather...
전 차라리…

1. 칼슘먹기

Luthor Vandross라는 미국의 유명한 가수이자, 작곡가가 부른 I'd rather라는 아름다운 곡의 절절한 가사를 잠시 살펴보겠습니다.

I'd rather have bad times with you, than good times with someone else
다른 사람과 좋은 시간을 보내느니 차라리 당신과 힘든 시간을 함께 하고 싶습니다.

I'd rather be beside you in a storm, than safe and warm by myself
혼자서 안전하고 따뜻하게 지내느니 차라리 폭풍우 속에서라도 당신 옆에 있고 싶습니다.

I'd rather have hard times together, than to have it easy apart
떨어져서 편안한 시간을 보내느니 차라리 함께 어려운 시간을 헤쳐나가고 싶습니다.

'~하느니 차라리 ~하고 싶다.' 라는 의미전달을 하기 위해서 계속 같은 패턴을 사용하고 있지요. 우리도 가끔 이런 말 하지요. "내가 앓느니 죽지…."

Pattern Note 22

I'd rather (not) 차라리 ~하겠다 (~하지 않겠다)

I'd rather (not) A than B B하느니 차라리 A하고 싶다 (B 안 하겠다)
Would you rather A or B? A하실래요? 아님 B하실래요?

● 다음 우리말 문장의 표시된 부분이 영어 문장에서 어떻게 바뀌었는지 해당 부분에 밑줄을 그어보세요.

저는 그 여자에 대해서 더 이상 말하고 싶지 않습니다.
나는 똑똑하게 보이는 것보다 차라리 섹시하게 보이고 싶다.
걸을래? 아님 택시탈까?
휘트니 휴스턴은 그 남자와 함께 불행하느니 차라리 혼자이고 싶다.

I'd rather not talk about her any longer.
I'd rather look sexy than clever.
Would you rather walk or take a taxi?
Whitney Houston would rather be alone than unhappy with the man.

I'<u>d rather not talk</u> about her any longer.
I'<u>d rather look sexy</u> than clever.
<u>Would you rather walk</u> or take a taxi?
Whitney Houston <u>would rather be alone</u> than unhappy with the man.

● 아래의 우리말 문장을 영작하려고 합니다. 밑줄친 부분을 중심으로 완성해 보세요.
<u>지금 결정하는 것보다 다시 한 번 생각해보고 싶어요.</u>
우리는 모피를 입느니 <u>차라리 벌거벗고 다니겠다.</u>
그는 돈을 내느니 <u>차라리 감옥에 가고 싶어한다.</u>
직위를 구걸하느니 <u>차라리 은퇴하고 싶어요.</u>

I'd rather think it over than 　decide now　 .

- We _____ go naked _____ wear fur.
- He _____ than pay for that.
- I _____ than beg for a position.

I'd rather think it over than <u>decide now</u>.

We'<u>d rather</u> go naked <u>than</u> wear fur.

He'<u>d rather go to jail</u> than pay for that.

I'<u>d rather retire</u> than beg for a position.

보보샘 거들기

Would rather가 단독으로 쓰여서, '(지금 이 상황에서는)~하고 싶다'로 사용될 수도 있고, 두 개의 상황을 비교하면서 '~하느니 차라리 ~하겠다'라고 할 경우는 would rather ~ than~ 을 쓸 수 있습니다. 모든 인칭에서 사용이 가능하고, 의문문일 경우는 would you rather ~ or ~ (~할래? 아님 ~할래?)식으로 많이 쓰입니다. 모두 구어체에서 많이 쓰이는 표현들이지요.

11. 통뼈만들기

앞서 배운 Pattern(would rather~)과 주어진 표현을 활용하여 영작해보세요.

1. 그 여자를 다시는 안 볼래요. (see)
2. 그와 외출을 나가느니 차라리 집에 있을래요. (stay, go out)
3. 시골에 살고 싶으세요? 아님 도시에 살고 싶으세요? (live)
4. 그는 항복하느니 차라리 죽고만 싶다. (surrender)

보보샘 거들기

1. 부정문이므로 would rather not과 동사 see를 연결해야겠지요.

2. would rather A than B 구문이지요. 이 때 A와 B에는 동사원형이 와야 하구요.

3. 의문문에서는 Would you rather A or B?

4. would rather A than B

보보샘은 이렇게 영작했어요

1. I'd rather not see her again.

2. I'd rather stay home than go out with him.

3. Would you rather live in the country or in the city?

4. He'd rather die than surrender.

Frame 23 I don't know how to love him.
그를 어떻게 사랑해야 할 지 모르겠어요.

1. 칼슘먹기

I don't know how to love him, what to do, how to move him.
그를 어떻게 사랑해야 할 지, 무엇을 해야 할 지, 어떻게 그의 마음을 움직일 수 있을 지 모르겠어요.

가사만 보고도 멜로디가 저절로 따라나올 정도로 유명한 곡이지요. 바로 뮤지컬 <Jesus Christ Superstar>에 나오는 노래인데요. How to love him, what to do, how to move him의 공통점을 보니 의문사와 to부정사가 결합되었다는 것입니다. 보통 의문사라고 하면, 뒤에 주어, 동사가 붙어서 의문문을 만들 때 사용되는 데, 이 경우는 to부정사가 붙어 아주 깔끔한 평서문이 되었네요.

Pattern Note 23

I don't know how to love him. 그를 어떻게 사랑할 지 모르겠어요.

의문사 what, how, where, when, which, whom 등과 to부정사가 결합하여 명사구를 만들어 문장 안에서 주어, 목적어, 보어의 역할을 하게 된다.

● 다음 우리말 문장의 표시된 부분이 영어 문장에서 어떻게 바뀌었는지 해당 부분에 밑줄을 그어보세요.

다음에 무엇을 할 지 아는 사람?

경기하는 방법을 자세히 그에게 알려주세요.

회의 언제 시작하는 지 왜 나에게 안 물어봤어?

어떤 길로 가야 하는 지 말씀해 주시겠어요?

Does anyone know what to do next?
Please tell him in detail how to play the game.
Why didn't you ask me when to start the meeting?
Could you please tell me which way to go?

Does anyone know <u>what to do next</u>?
Please tell him in detail <u>how to play the game</u>.
Why didn't you ask me <u>when to start the meeting</u>?
Could you please tell me <u>which way to go</u>?

● 아래의 우리말 문장을 영작하려고 합니다. 밑줄친 부분을 중심으로 완성해 보세요.

이 소파를 <u>어디에 둘 지</u> 지금 결정하셔야 돼요.
시카고로 <u>언제 이사갈 지</u> 아직 결정 못했어요.
오늘 우리는 암을 예방하기 위해서 <u>무엇을 먹어야 할 지</u> 배우도록 하겠습니다.
비상시에 <u>누구에게 연락해야 하는 지</u> 알려주세요.

You should decide where to put this sofa right now.
We haven't decided _____ to Chicago.
Today, we are going to learn _____ to prevent cancer.
Please let me know _____ in an emergency.

You should decide <u>where to put</u> this sofa right now.

We haven't decided <u>when to move</u> to Chicago.

Today, we are going to learn <u>what to eat</u> to prevent cancer.

Please let me know <u>who to contact</u> in an emergency.

🌸 보보샘 거들기

의문사 + to부정사가 결합하여 다양한 명사구를 만들어냅니다. 특히 which의 경우는 which way to go에서처럼 의문사 which 뒤에 명사가 함께 나올 수 있습니다. 의문사 which는 다른 의문사들과 달리 의문 형용사로도 사용할 수 이기 때문이랍니다. 목적격 의문사 whom은 자주 who로 바뀌는 경향이 있으니 whom to contact라기 보다는 who to contact가 더 자연스럽습니다.

I don't know what to do= I don't know what I should do.

의문사와 to부정사구가 결합된 명사구는 명사절로도 표현이 가능합니다. 의문사로 시작하는 절이지만, 문장에서는 목적어로 들어가는 명사절이므로, 평서문의 순서인 주어+동사 순으로 배열하셔야 합니다. 주로 '의문사+주어+should+동사원형'의 순서가 되지요.

I don't know how to love him.
→ I don't know how I should love him.
Would you tell me which way to go?
→ Would you tell me which way I should go?
They haven't decided where to go yet.
→ They haven't decided where they should go yet.

11. 통뼈만들기

앞서 배운 Pattern(의문사+to부정사)과 주어진 동사를 활용하여 영작해보세요.

1. 그 여자는 트럭 운전하는 법을 몰라요. (drive)
2. 저는 어떻게 반응해야 할 지, 무슨 말을 해야 할 지 모르겠더군요. (react, say)
3. 어떻게 하는 지가 무엇을 하는 지보다 중요하다. (do)
4. 문제는 우리 돈을 어디에 투자하는가이다. (invest)

보보샘 거들기

1. '~하는 법'이란 '어떻게 ~하는 가'를 의미하므로 how to~
2. '어떻게 반응할 지' how to react, '무슨 말을 해야 할 지' what to say
3. A is more important than B   A가 B보다 더 중요하다.
4. '어디에 ~하는 지(where to ~)'를 be동사 뒤 두어야 합니다.

보보샘은 이렇게 영작했어요

1. She doesn't know how to drive a truck.
2. I didn't know how to react and what to say.
3. 'How to do' is more important than 'what to do'.
4. What matters is where to invest our money.

Frame 24 Too young to die?
죽기엔 너무 어린가요?

1. 칼슘먹기

Too young to die (죽기엔 너무 어린?)

Hollywood의 꽃미남 영화배우이기도 하고, 이제는 여배우 누구누구의 남편으로도 유명한 Brad Pitt의 신인시절 모습을 볼 수 있는 1990년도 영화입니다. 실제 법정 사건을 바탕으로 만들어진 영화라고 합니다. 저도 이 영화를 봤던 기억이 있는데, 주인공은 아니었지만 아주 못된 남자의 연기를 리얼하게 보여주었던 것 같습니다.

영화제목에서는 의문문이었습니다만, She is too young to die라고 할 경우, '그 여자애는 죽기엔 아직 너무 어려' '너무 어려서 죽을 수야 없지…'의 해석이 되겠지요. 재미있는 것은 노인부부의 성을 소재로 다룬 우리 영화 '죽어도 좋아'의 영문 제목이 'Too young to die.' 라는 겁니다. 인생의 황혼기에도 여전히 삶은 아름답고 즐겁기에 'Too young to die' 라는 제목이 붙지 않았을까 생각해봅니다.

Pattern Note 24

Too young to die. 죽기엔 너무 어려요.

Too 형용사/부사 + to부정사 : 너무 ~해서 ~할 수 없다. (~하기에는 너무 ~하다.)

일명 투투용법이라 불리는 표현으로 자체에 부정의 의미를 내포하고 있으며, to부정사 없이 too 형용사/부사만 사용하여 '너무 ~해' 라는 다소 부정적인 표현을 만들기도 한다.

● 다음 우리말 문장의 표시된 부분이 영어 문장에서 어떻게 바뀌었는지 해당 부분에 밑줄을 그어보세요.

저는 퇴근 후에는 너무 피곤해서 말조차 못합니다.
그의 진술은 너무 복잡해서 통역될 수가 없다.
안녕이라고 말하기에는 너무 일찍이에요.
그는 말을 너무 빨리 해서 나는 그의 생각을 이해할 수 없었다.

I am too tired to talk after work.
His statement was too complicated to be interpreted.
It's too soon to say goodbye.
He spoke too fast for me to understand his idea.

I am <u>too tired</u> to talk after work.
His statement was <u>too complicated</u> to be interpreted.
It's <u>too soon</u> to say goodbye.
He <u>spoke too fast</u> for me to understand his idea.

● 아래의 우리말 문장을 영작하려고 합니다. 밑줄친 부분을 중심으로 완성해 보세요.

사실이라고 하기에는 <u>너무 좋아요</u>. (믿기지가 않아요.)
과일바구니가 너무 무거워서 <u>제가 들 수가 없어요</u>.

숫자들이 너무 빨리 지나가서 제가 보지를 못했어요.
그의 경험담은 너무 이상해서 믿을 수가 없다.

It's too good to be true.
This fruit basket is too heavy   .
The numbers passed   for me to catch.
His experience is too strange   .

It's <u>too good</u> to be true.

This fruit basket is too heavy <u>for me to lift</u>.

The numbers passed <u>too quickly</u> for me to catch.

His experience is too strange <u>to believe</u>.

보보샘 거들기

to부정사 앞의 for me는 to부정사의 의미상의 주어가 되겠습니다. 즉 필요 시 표기해주는 거지요. He spoke too fast for me to understand his idea.에서 그가 빨리 말해서, 내가 to understand his idea하기 힘들다는 얘기입니다. 이 때 그녀가 이해하기 힘들다면, He spoke too fast for her to understand his idea라고 하면 되겠지요.

It's too good to be true는 말 그대로 '너무 좋아서 사실일 수 없다.' 는 얘긴데, 즉 어떤 상황이나 결과가 너무 좋아서 어쩔 줄 모르겠을 때 할 수 있는 말이겠네요. '이게 꿈이야 생시야…'

11. 통뼈만들기

앞서 배운 Pattern(too~to)과 주어진 동사를 활용하여 영작해보세요.

1. 제 학생들은 너무 정직해서 저를 속일 수가 없습니다. (deceive)
2. 저는 너무 바빠서 보고서를 읽지 못했습니다. (read)
3. 그의 딸은 이혼을 이해하기에는 너무 어린 나이다. (understand)
4. 지구 온난화를 피하기에는 너무 늦었습니다. (avoid)

보보샘 거들기

1. 너무 정직하다 be too honest
2. 너무 바빴다 was too busy
3. 너무 어려서 이혼을 이해 못한다 too young to understand the divorce
4. ~하기엔 너무 늦었다 It's too late to~

보보샘은 이렇게 영작했어요

1. My students are too honest to deceive me.
2. I was too busy to read the report.
3. His daughter is too young to understand the divorce.
4. It's too late to avoid global warming.

 **Frame 25** Nothing is worth more than this day.
오늘보다 값진 것은 아무것도 없다.

1. 칼슘먹기

   일상 생활에서 대화를 나누다 보면 내가 전달하고자 하는 말을 조금 더 강조하고 싶을 때가 있지요. 상대방이 좀 알아주었으면 하고 말입니다. 여러 방법이 있겠지요. 어순을 뒤집을 수도 있고, 단어의 선택을 과감하게 바꾸어 볼 수도 있고, 억양에 변화를 줄 수도 있겠습니다. 이제 소개할 표현도 부정문의 형식을 빌어 강조의 효과를 주는 패턴인데요. 형식만 부정문일 뿐이지 내용의 중심은 부정이 아니라, 강조가 됩니다.

   하루를 정리하며 쓰게 되는 것이 일기이지요. 'Nothing is worth more than this day'는 Mary Engelbreit라는 illustrator의 그림이 담겨진 일기장의 이름입니다. 오늘만큼 값진 것은 없으니 값진 이야기로 페이지를 채우라는 얘기겠지요. 이렇게 노트에 제목이 붙어 있는 것이 재미있습니다. 혹 'The nothing book'이라는 메모수첩을 보신 적 있나요? 그러니까 이 수첩에 뭔가를 적게 되면 'The something book' 쯤 되겠네요…^^

   nothing, nobody, none과 같은 부정어와 비교급을 이어서 '그 어떤 것도/그 누구도 ~보다 ~하진 않아.' 와 같은 식의 표현을 만드는데요. 결국 어떤 것이, 어느 누가 최고라는 것인 지 알 수 있으시겠지요?

> **Pattern Note 25**
>
> **Nothing is worth more than this day.** 오늘보다 값진 것은 아무 것도 없다.
> (=This day is worth most. 오늘이 가장 값지다.)
>
> 부정어 'nothing, nobody, no one, no other + 명사' 와 비교급 than ~
> 어떤 것도/ 어느 누구도/어떤 ~도 ~ 만큼 ~하지 않다

● 다음 우리말 문장의 표시된 부분이 영어 문장에서 어떻게 바뀌었는지 해당 부분에 밑줄을 그어보세요.

그 어떤 것도 생명보다 중요하지 않다.
그 계약에 대해서는 Kimbell씨보다 더 잘아는 사람은 없다.
부모보다 아이를 더 잘 아는 사람은 없다.
그냥 네 파트너에게 말하는 것 말고는 다른 방법이 없어.

Nothing is more precious than life.
No one knows more about the contract than Mr. Kimbell.
Nobody knows a child better than the parents.
There is no other way than just telling your partner.

<u>Nothing is more precious</u> than life.
<u>No one knows more</u> about the contract than Mr. Kimbell.
Nobody knows a child better <u>than the parents</u>.
<u>There is no other way</u> than just telling your partner.

● 아래의 우리말 문장을 영작하려고 합니다. 밑줄친 부분을 중심으로 완성해 보세요.

그 무엇도 안전보다 더 중요하지는 않다.
그 무엇도 여행보다 우리에게 더한 즐거움을 주지 않는다.
어느 누구도 산타클로스보다 메일을 더 많이 받지 않는다.
다른 어떤 금속도 금보다 더 값지지 않다.

↳ <u>Nothing is more important</u> than safety.
↳ _____ more pleasure than travelling.
↳ No one receives _____ Santa Clause.
↳ _____ more precious than gold.

Nothing is more important than safety.

<u>Nothing gives us</u> more pleasure than traveling.

No one receives <u>more mail than</u> Santa Clause.

<u>No other metal</u> is more precious than gold.

🌸 보보샘 거들기

Nothing, nobody, no one, no other+단수명사와 비교급이 만나서, '어떤 ~도 만큼 ~하지 않는다'의 의미가 만들어지니, 결국 '~이 가장 ~하다'는 최상급의 의미가 되는 것이지요. 즉 Nothing is more important than safety.는 결국 Safety is the most important 보다 조금 더 강력한 의미를, Nothing gives us more pleasure than traveling 은 Traveling gives us the most pleasure.보다 더 극적인 표현이 되는 것 같습니다.

달인은 알고 있다!

최고를 표현하는 여러 가지 방법

비교급을 통한 최상급표현! 생각해보면 우리도 일상대화에서 많이 쓰는 듯 싶습니다. '나보다 영어 잘하는 사람 있으면, 나와보라 그래~' 같은 문장 말이지요…
그러니까 아래의 문장들은 전부 같은 의미가 되는 것이랍니다.
'공장내 안전제일'
Safety is the most important thing in the factory.
Safety is more important than any other thing in the factory.
Any other thing in the factory is not as important as safety.
No other thing in the factory is more important than safety.

11. 통뼈만들기

앞서 배운 Pattern (no~than)과 주어진 표현을 활용하여 영작해보세요.

1. 아무것도 건강보다 소중하지는 않다. (nothing, precious)
2. 그 누구도 당신의 부모보다 당신을 더 사랑하진 않습니다. (no one, love)
3. 아무도 당신에게 당신 자신보다 더 현명한 충고를 줄 수는 없습니다. (nobody, can give)
4. 한국에서는 다른 어떤 소녀보다도 그녀가 더 예쁘다. (No other girl, be)

보보샘 거들기

1. Health is the most precious와 같은 의미가 되겠지요.
2. no one loves you more than~ 아무도 ~만큼 당신을 사랑하지 않는다
3. give you advice (충고를 주다)에서 더 현명한 충고이니 give you wiser advice로 바꾸시면 되겠습니다.
4. 최상급을 표현하기 위해서 No other 단수명사를 활용하시면 됩니다. than she is는 원래 than she is beautiful에서 beautiful이 생략이 된 것이지요. 그리고 구어체에서는 she is 대신에 목적격 her가 쓰이기도 합니다.

보보샘은 이렇게 영작했어요

1. Nothing is more precious than health.
2. No one loves you more than your parents.
3. Nobody can give you wiser advice than yourself.
4. No other girl in Korea is more beautiful than she is.

보보샘의 소소한 영어 이야기

The advent of the e-book and the future of the paper book (V, continued from p.174)

    Second, I talked about multimedia sources that the two types of books can provide to us. On first thought, the e-book was obviously estimated better than the paper book in terms of abundance of data, and it seemed beyond question. On second thought, however, my estimation has become a totally different one: providing a lot of information is not necessarily good or effective for readers. On the contrary, paper book readers can draw their own pictures in mind by using their imagination, not depending on the flashy multimedia sources, and that may motivate or stimulate readers more effectively.

    In addition, the simple and quick process to purchase an e-book can be even an obstacle for readers, I believe. It sounds like nonsense, but think about a picnic that you went on when you were a child. You must have preferred the picnic eve when you prepared food, planned how to play with friends and what to wear, etc. Process or brainstorming can be more appreciated than the product, or result itself. Personally, I enjoy spending some time searching out books at a bookstore since I can review other books, or spot a valuable book incidentally. Waiting for a book to be delivered home after online purchase is also a good chance to think about what I am going to read.

    <To be continued…>

그 다음으로, 나는 두 형태의 책들이 우리에게 제공할 수 있는 멀티미디어 소스에 관해 이야기한 바 있다. 처음 생각으로는 전자 책이 당연히 종이책도다 정보의 풍요로움에 있어서 월등히 우수하다고 생각됐었다. 하지만, 다시 생각해보니, 내 평가는 완전히 다른 것이 되어버렸다. 많은 정보를 제공한다는 것이 반드시 독자들에게 바람직하거나 효과적인 것은 아니다. 오히려, 종이 책 독자들은 호화찬란한 멀티미디어에 의존하지 않고, 자신만의 상상력의 나래를 펼치면서 머리 속에 자신의 그림을 그릴 수가 있을 것이다. 그리고, 그런 상상력이 독자들에게는 더욱 효과적인 자극이 될 것이다.

게다가, 전자 책을 구매하기 위한 단순하고 빠른 과정은 독자들에게는 방해꾼일 수도 있다라는 생각이다. 바보 같은 소리로 들릴 지도 모르겠지만, 어렸을 때 갔었던 소풍을 떠올려보라. 당신은 아마도 음식을 준비하고, 친구들과 무엇을 하며 시간을 보낼 지 궁리하며, 또 무슨 옷을 입을 지를 고민하던 소풍 전날을 더 좋아했을 것이다. 과정이나 준비 단계가 결과물 자체보다 더 소중하게 느껴질 수 있다. 개인적으로 나는 서점에서 책을 고르면서 시간을 보내는 것을 좋아한다. 목표하지 않은 다른 책들도 두루 볼 수 있고, 어쩌다 뜻하지 않게 좋은 책이 눈에 띌 수도 있으니 말이다. 온라인으로 종이 책을 구매했을 때, 집까지 배달되어 오기를 기다리는 것 또한 앞으로 내가 읽게 될 책에 대해 상상해보는 좋은 기회가 될 수 있다.

Frame 26 A change would do you good.
한 번 바꿔보는 것도 당신에게 좋을 거에요!

1. 칼슘먹기

　핵심동사가 만들어내는 여러 표현들만 알아도 영작에 큰 힘을 실어줄 수 있습니다. 영작을 하면서 동사부분이 해결된다는 것은 거의 'Half-done' 이라고 볼 수 있으니까요.

　동사 do는 일반동사 (하다)로서의 역할 뿐만 아니라, 조동사로서 의문문이나 부정문을 만들 때에도 사용됩니다. 여기서는 동사 do를 활용한 다양한 표현들을 연습해 보겠습니다. 예를 들어 A change would do you good이라고 하면 문장을 이루는 단어는 다 너무 쉬운데, 선뜻 해석이 안 될 수도 있을 겁니다. 'do somebody good' 은 '~에게 이롭다. ~의 건강에 좋다' 는 뜻입니다. 그러니, 한 번 정도의 변화 (A change)는 당신에게 이로울 수 있을 거라는 얘기가 되겠지요. 이 문장은 Sheryl Crow라는 미국의 유명한 여가수가 부른 노래 제목이었습니다. 뮤직비디오를 보면 출연진들이 서로 막 뒤바뀌어 서로가 다른 사람이 되어 체험을 하는 장면들이 나옵니다. A change would do you good!

Pattern Note 26

동사 do의 활용

do와 몇몇 명사들이 만나 '~하다'라는 표현을 만든다.
　do the homework, do the dishes, do the cooking, do the gardening, do the shopping, do one's hair, etc.   이 밖에도 do동사를 포함하는 핵심표현을 활용해 본다.

● 다음 우리말 문장의 표시된 부분이 영어 문장에서 어떻게 바뀌었는지 하당 부분에 밑줄을 그어보세요.

오늘은 누가 설거지랑 세탁을 할 거니?
아래는 당신의 이해를 도와줄 몇몇 주의사항입니다.
당신이 해야할 일이라고는 이 서식을 작성하는 것 뿐입니다.
2~3일 정도 쉬는 게 너에게 좋을거야.

Who will do the dishes and the laundry today?
Below are some do's and don'ts that will help you understand .
All you need to do is complete this form.
It will do you good to take a couple of days off.

Who <u>will do the dishes and the laundry</u> today?
Below are some <u>do's and don'ts</u> that will help you understand .
<u>All you need to do</u> is complete this form.
It <u>will do you good</u> to take a couple of days off.

● 동사 do를 활용하여 아래의 우리말 문장을 영작하려고 합니다. 밑줄친 부분을 중심으로 완성해 보세요.

제 부탁 하나만 <u>들어주실래요</u>?

네가 빨래하고 다림질한 차례야.
당신이 해야 하는 일이라고는 링크를 클릭하고 들으시는 겁니다.
우리는 몇몇 중소기업과 거래하고 있습니다.

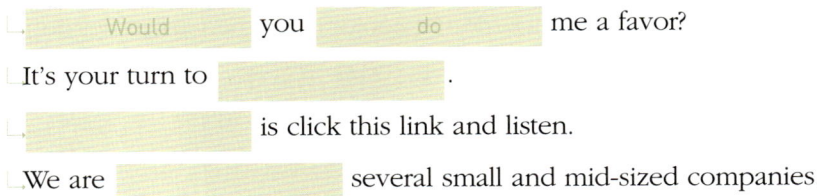

__Would__ you __do__ me a favor?
It's your turn to _____.
_____ is click this link and listen.
We are _____ several small and mid-sized companies.

Would (could) you do me a favor?

It's your turn to do the washing and ironing.

All you need to do is click this link and listen.

We are doing business with several mid-sized companies.

🌸 보보샘 거들기

do와 여러 명사들이 결합하여 하나의 단위를 이루는 의미가 만들어집니다. Do the dishes, do the laundry, do the washing 등등… do's and don'ts는 할것과 해서는 안될 것, 즉 주의사항이란 뜻으로 쓰이구요. All you need to do is~라는 구문은…' ~만 하시면 됩니다. (당신이 해야 할 모든 것은 ~입니다.)' 의 의미로 쓰입니다.

11. 통뼈만들기

앞서 배운 Pattern (동사 do)과 함께 주어진 표현을 활용하여 영작해보세요.

1. 인터넷이 없이 지낼 수 있어요? (do without)

2. 우리는 그런 부도덕적인 회사와 거래하고 싶지 않습니다. (do business with)

3. 그는 이 사건과 아무런 관련이 없어요. (have nothing to do with)

4. 퇴근 후에 쇼핑을 좀 할 겁니다. (do shopping)

보보샘 거들기

1. do without ~없이 지내다

2. do business with ~와 거래하다 such an immoral company 그런 부도덕한 회사

3. have something to do with는 ~와 관련이 있다 have much to do with ~와 관련이 많다 have nothing to do with는 ~와 관련이 없다

4. 쇼핑하다 do the shopping, do one's shopping 쇼핑을 좀 한다고 했으니 do some shopping이라고 하면 되겠습니다.

보보샘은 이렇게 영작했어요

1. Can you do without the Internet?

2. We don't want to do business with such an immoral company.

3. He has nothing to do with the matter.

4. I am going to do some shopping after work.

Frame 27   I have a dream!
나에겐 꿈이 있어요!

1. 칼슘먹기

전설적인 팝그룹 Abba가 부른 노래 제목이지요. I have a dream!

그런데, 이 문장을 자연스럽게 번역하려면, '나는 꿈을 가지고 있다.' 보다는 '내겐 꿈이 있어요'가 되겠지요. 즉 동사 have는 '~을 갖고 있다' 이지만, 우리말에서 '~가 있다'의 문장을 영작하고자 할 때 많이 사용됩니다. 우리말과 영어의 개념의 차이라고 볼 수 있겠는데요. 우리가 흔히 '존재'로써 말하는 것을 영어에서는 자주 '소유'의 개념으로 말하기 때문인 것이지요. '자녀분이 몇이세요?' '집에 강아지 키우세요?' 등의 문장들이 영어로는 'How many kids do you have?' 'Do you have a dog?'가 되니, 동사 have의 활용도가 얼마나 넓고 광활할 지 짐작이 가고도 남습니다.

Pattern Note 27

동사 have의 활용

Have와 다양한 명사들이 만나 '~가 있다.' '~하다'의 표현을 만들어낸다.
Have a fever, have a hangover, have company, have a bad luck, have a

chat, have a good time, have a big mouth, etc. 이 밖에도 have동사를 포함하는 핵심표현을 알아본다.

● 다음 우리말 문장의 표시된 부분이 영어 문장에서 어떻게 바뀌었는지 해당 부분에 밑줄을 그어보세요.

우리 아버지는 영어를 자유자재로 구사한다.
얼마나 자주 이발을 하세요?
우리 할머니는 정원을 잘 가꾸신다.
나는 그의 여동생과 안면이 없어.

My father has a good command of English.
How often do you have your hair cut?
My grandma has a green thumb.
I have no acquaintance with his sister.

My father <u>has a good command</u> of English.
How often do you <u>have your hair cut</u>?
My gramdma <u>has a green thumb</u>.
I <u>have no acquaintance</u> with his sister.

● 동사 have를 활용하여 아래의 우리말 문장을 영작하려고 합니다. 밑줄친 부분을 중심으로 완성해 보세요.

사람들은 은퇴에 대해서는 복잡한 심정을 갖는다.
오늘의 연사를 소개하게 되어 영광입니다.
너가 최근에 운이 없었어.
네 친구들은 아직도 네게 무슨 일이 있는 지 몰라.

- People <u>have mixed feelings</u> about retirement.
- I _____ of introducing today's speaker.
- You _____ lately.
- Your friends still _____ about what happened to you.

People <u>have mixed feelings</u> about retirement.

I <u>have the honor</u> of introducing today's speaker.

You <u>have had some bad luck</u> lately.

Your friends still <u>have no idea</u> about what's wrong with you.

보보샘 거들기

Have your hair cut에서 cut은 목적보어로서 과거분사에 해당이 됩니다. 스스로 머리를 자르는 것이 아니라 머리가 잘려지도록 시키는 것이므로 사역동사 have가 목적어 your hair와 목적격보어 cut을 결합하면 '머리를 자르십니까?' 가 되는 것이지요. Have a green thumb는 초록색 엄지손가락을 갖고 있다는 얘긴데, 식물들을 잘 다룬다는 재미있는 표현이 되지요. green fingers라고 하기도 합니다. 희비가 교차하는 복잡한 심경을 'mixed feelings' 로 표현했습니다. 누군가를 자랑스럽게 소개하고자 할 때는 'have the honor of ~'를 써서 표현하는 경우가 많고요. Have no idea는 no와 거의 비슷하게 '모릅니다' 가 되므로, I have no idea about ~라고 하면 '~에 대해서는 모릅니다.' 가 되겠지요.

달인은 알고 있다!

동작과 상태! Have의 두 얼굴

Have 동사는 '가지다' '소유하다' 일 때는 상태동사로, '겪다' '(시간을) 보내다' '먹다' 등의 의미일 때는 동작동사로 활약을 합니다. 물론 그 외에 조동사로서 완료형을 만들 때 등장하기도 하지요. 워낙 '공사다망' 하신 동사라…

따라서, 동작동사일 때는 얼마든 지 가능한 진행형과 수동태가, 상태동사일 때는 불가능하게 되니 주의하셔야 합니다.

I have a son and a daughter.
I am having a son and a daughter (X)
A son and a daughter are had by me (X)
All of us had a good time.
All of us were having a good time. (O)
A good time was had by all of us. (O)

11. 통뼈만들기

앞서 배운 Pattern (동사 have)과 함께 주어진 표현을 활용하여 영작해보세요.

1. 당신은 밑져야 본전이에요. (nothing, lose)
2. 티파니는 예술과 디자인에 안목이 있다. (eye for)
3. 우리는 여기 머무는 것 외에 선택의 여지가 없었다. (no choice but to)
4. 저는 일주일 동안 두통과 미열이 있었어요. (headache. slight fever)

보보샘 거들기

1. 잃을 것이 아무것도 없다는 have nothing to lose를 활용
2. have an eye for ~ 에 안목이 있다
3. have no choice but to ~외에 선택의 여지가 없다
4. 두통이 있다 have a headache, 미열이 있다 have a slight fever

보보샘은 이렇게 영작했어요

1. You have nothing to lose.
2. Tiffany has an eye for art and design.
3. We had no choice but to stay here.
4. I had a headache and a slight fever for a week.

Frame 28 Take it easy!
서두르지 마!

1. 칼슘먹기

Take it easy! 천천히 해! 서두르지 마!

많이 들어본 표현이지요. 같은 제목의 노래만 해도 Eagles의 1972년도 take it easy 에서부터 2006년 MIKA의 Relax, take it easy까지 족히 열 곡은 되는 것 같습니다.

'take' 하면 그 의미가 너무 많아서, 사실 다 알고 쓴다는 게 쉽지가 않습니다. 다만 take의 '취하다, 갖다, 붙잡다' 등의 의미만 알고 있어도 연결지어 볼 수 있는 표현들이 꽤 되지요. Take it easy!와 같은 경우도, '그것을 쉬운 상태로 받아들여라'의 의미였을 터이니, '아… 부담갖지 말고 천천히 하라는 거구나…' 고개를 끄덕일 수 있겠지요.^^

Pattern Note 28

동사 take의 활용

Take는 뒤에 전치사나 부사가 붙어 다양한 표현을 만든다.
Take out, take after, take in, take on, take off, etc.

Take와만 결합하는 명사들도 있으니 주의한다.
Take medicine, take action, take notes, take place, take advantage, etc.

● 다음 우리말 문장의 표시된 부분이 영어 문장에서 어떻게 바뀌었는지 해당 부분에 밑줄을 그어보세요.

그들은 우리가 결혼했다는 사실을 당연하게 받아들였다.
여드름을 제거하기 위해서 제가 약을 복용해야 하나요?
서울까지 운전해가는 데 교대로 하는 게 어떨까?
우리는 모든 제안을 다 고려해야 한다.

They took it for granted that we were married.
Should I take medicine to get rid of pimples?
Why don't we take turns driving to Seoul?
We should take every suggestion into consideration.

They <u>took it for granted</u> that we were married.
<u>Should I take medicine</u> to get rid of pimples?
<u>Why don't we take turns</u> driving to Seoul?
We <u>should take</u> every suggestion <u>into consideration</u>.

● 동사 take를 활용하여 아래의 우리말 문장을 영작하려고 합니다. 밑줄친 부분을 중심으로 완성해 보세요.

월요일 대신 <u>내일 휴가내도</u> 되나요?
나는 그가 내 편이라는 것을 <u>당연하게 받아들인다</u>.
이 흠집을 좀 <u>더 자세히 봐보시겠어요</u>?
제 7차 세계 물 포럼이 내년에 중국에서 <u>열릴 것이다</u>.

⌐May I `take tomorrow off` instead of Monday?
⌐I _____ that he is on my side.
⌐Can you _____ at this scratch?
⌐The 7th World Water Forum _____ in China next year.

May I <u>take tomorrow off</u> instead of Monday?

I <u>take it for granted</u> that he will be on my side.

Can you <u>take a closer look</u> at this scratch?

The 7th World Water Forum <u>will take place</u> in China next year.

보보샘 거들기

약을 복용하다는 항상 take를 써서 'take medicine', 'take pills'라고 하셔야 합니다. 번갈아가며 무언가를 하는것도 'take turns ~ing'를 쓰구요. 'take a look at'은 '~를 한 번 보다'로써 'have a look at'과 같습니다. 좀 더 자세히 보다는 'take a closer look at', 한 번 더 보다는 'take another look at'과 같이 활용할 수 있겠습니다. 그 외에도 'take action'(조치를 취하다), 'take place'(일어나다, 발생하다) 등, take가 만들어내는 필수 표현들이 실로 어마어마합니다.

11. 통뼈만들기

앞서 배운 Pattern (동사 take)과 함께 주어진 표현을 활용하여 영작해보세요.

1. 우리는 즉각적인 조치를 취해야 합니다. (immediate action)
2. 코로 심호흡을 하세요. (deep breath)
3. 지역광고를 활용하셨군요. (advantage)

4. 다른 사람들을 도우려면 너 자신부터 돌볼 줄 알아야 한다. (care)

보보샘 거들기

1. take action 조치를 취하다 즉각적인 조치 immediate action
2. take a breath 호흡하다 through your nose 코를 통해서
3. take advantage of 이용/활용하다
4. take care of 돌보다, 처리하다 I will take care of the matter. 제가 그 일을 처리하겠습니다.

보보샘은 이렇게 영작했어요

1. We need to take immediate action.
2. Take a deep breath through your nose.
3. You took advantage of local advertising.
4. You should take care of yourself to help others.

Frame 29 Let's get together now!
이제 우리 함께 나누어요!

1. 칼슘먹기

2002년은 한일 공동개최 월드컵이 있어 온 나라가 뜨거운 여름을 보냈었습니다. 개막식을 보셨던 분들은 기억하시겠지만, 한 일 가수 각각 두 팀이 함께 월드컵 주제가를 불렀지요. Let's get together now! 이젠 함께 즐겨 보자는…한국과 일본의 서로가 서로에게 보내는 메시지를 담은 듣기 좋은 노래였지요. 우리 가수는 우리말로, 일본가수는 일본어로, 그리고 후렴구만 영어로 되어있습니다.

'get-together' 가 하나의 단어로 붙어서 사교모임, 집회의 의미가 되기도 합니다.
We had a family get-together yesterday!

> **Pattern Note 29**
>
> 동사 get의 활용
>
> get과 다양한 형용사가 결합이 되어 become~의 의미가 된다.
> get better, get worse, get bald, get lost, etc.
> 또한 다양한 전치사, 부사, 명사와 결합이 된다.

get along with, get through, get together, get into trouble, get the message…

● 다음 우리말 문장의 표시된 부분이 영어 문장에서 어떻게 바뀌었는지 해당 부분에 밑줄을 그어보세요.

가능한 빨리 제게 연락주세요.
너는 사람들과 잘 지내는 법을 좀 배워야겠다.
그들은 사막에서 길을 잃고 굶어죽었다.
나는 다른 사람들 앞에서 말하는 것의 두려움을 극복해야해.

Please get back to me as soon as possible.
You should learn how to get along with people.
They got lost in the desert and starved to death.
I need to get over my fear of speaking in front of other people.

Please <u>get back to me</u> as soon as possible.
You should learn <u>how to get along with people</u>.
They <u>got lost</u> in the desert and starved to death.
I <u>need to get over</u> my fear of speaking in front of other people.

● 동사 get을 활용하여 아래의 우리말 문장을 영작하려고 합니다. 밑줄친 부분을 중심으로 완성해 보세요.

호기심은 당신을 곤경에 <u>처하게 할 수도 있다</u>.
백인 남성은 어린나이에 <u>머리가 벗겨지는</u> 경향이 있다.
발표의 두려움을 <u>극복하는</u> 열개의 조언이 있어.
우리는 이 고통스러운 시간들을 <u>이겨낼 것이다</u>.

- Curiosity can get you into trouble.
- White males are likely to   at an early age.
- Here are 10 tips to   your fear of presentations.
- We will   these painful hours.

Curiosity <u>can get</u> you into trouble.

White males are likely to <u>get bald</u> at an early age.

Here are 10 tips to <u>get over</u> your fear of presentations.

We will <u>get through</u> these painful hours.

달인은 알고 있다!

같으면서도 다른…get, turn, grow, go,

뒤에 형용사나 분사가 와서 '~되다'의 의미가 되는 대표적인 동사들인 get, turn, grow, go인데요. 하지만, 주의해야 할 것은 이 세 동사들 뒤에 오는 형용사/분사들이 각각 거의 정해져 있다는 겁니다. 대표적인 짝꿍들을 좀 보시면…

- get angry, get sick, get old, get drunk, get hurt, get married, get caught…
- turn red, turn cold, turn angry, turn nasty, turn into sth. …
- grow angry, grow weary, grow old, grow large, grow fast, grow to realize,
- go mad, go bad, go blind, go asleep, go flat

가만 보면, 원어민의 머릿속에는 '동사 따로 형용사 따로'가 아니라, 동사와 그에 맞는 형용사가 '덩어리'로 기억되고 사용되는 것 같습니다. 물론 get angry나 grow angry, turn angry처럼 자유롭게 조합이 되는 것들도 있지만, get drunk를 쓸 것을 굳이 grow drunk(X)라는 어색한 조합을 만들 필요는 없겠지요.

보보샘 거들기

get lost, get bald에서는 get이 become의 의미로서 '~이 되다'라는 변화를 내포하고 있습니다. get along, get through, get over에서는 '통과', '성공'의 의미와 연결되어, 잘 지내고, 헤쳐나가고, 잊어버리고…하는 식의 의미가 형성이 되는 것입니다. Get back to~는 전화통화에서도 자주 들을 수 있는 표현인데요. 전화나 이메일 등, 상대방에게 답신을 요청하거나 제안할 때 쓰일 수 있답니다. Please get back to me. (회신주세요.)

11. 통뼈만들기

앞서 배운 Pattern (동사 get)과 함께 주어진 표현을 활용하여 영작해보세요.

1. 너는 그녀의 비밀을 언제 알게 되었니? (get to know)
2. 그들의 관계가 호전되고 있다. (get better)
3. 당신은 우선 스팸메일부터 지우셔야겠어요. (get rid of)
4. 시간이 가면서, 상황이 더 악화되고 있다. (get worse)

🌸 보보샘 거들기

1. get to know sth ~을 알게 되다
2. get better (병세가) 좋아지다, (관계가) 호전되다
3. 광고성 스팸메일 junk mail (쓰레기메일)
4. 시간이 흘러감에 따라 as time goes by…

🌸 보보샘은 이렇게 영작했어요

1. When did you get to know her secret?
2. Their relationship is getting better.
3. You need to get rid of all the junk mail first.
4. The situation is getting worse as time goes by.

Frame 30 Make a wish!
소원을 비세요!

1. 칼슘먹기

Make a wish Foundation이라는 비영리재단 (non-profit organization)이 있습니다. '소원성취 재단' 쯤 되겠는데요. 1980년 미국 Arizona, Pheonix의 난치병을 앓고 있던 한 소년이 경찰관이 되고픈 꿈을 하루 동안 이루게 해준 것을 계기로 재단으로 발전이 되었다고 합니다. 지금은 범세계적인 재단으로 성장하여 주로 난치병 어린이들을 위한 기금을 마련한다고 합니다. Make a wish! 소원을 비세요!란 뜻인데, 정말 소원을 비는 데로 모두 Dreams come true가 된다면 얼마나 좋을까요?

Pattern Note 30

동사 make의 활용

Make a wish, make a mistake, make a noise, make friends with, make a difference, make sense 등, '~를 만들다'는 의미를 되새겨보면 쉽게 이해가 가는 표현들이다.

그 밖에도 여러 전치사와 함께 사용되면서, 의미가 방대해진다.

● 다음 우리말 문장의 표시된 부분이 영어 문장에서 어떻게 바뀌었는지 해당 부분에 밑줄을 그어보세요.

문제는 네가 자꾸 똑같은 실수를 저지른다는 거야.
그녀를 놀래켜 주려면, 어떤 소리도 내지 마.
저는 저녁식사 후에 산책하는 걸 습관으로 하고 있습니다.
세미나에 제시간에 올 수 있겠어?

The problem is you make the same mistakes again.
Don't make any noise if you want to surprise her.
I make it a rule to take a walk after dinner.
Can you make it to the seminar?

The problem is you <u>make the same mistakes</u> again.
<u>Don't make any noise</u> if you want to surprise her.
I <u>make it a rule to</u> take a walk after dinner.
Can you <u>make it</u> to the seminar?

● 동사 make를 활용하여 아래의 우리말을 영작하려고 합니다. 밑줄친 부분을 중심으로 완성해 보세요.

저는 전세계에서 새로운 친구들을 <u>사귀고 싶어요</u>.
내일로 <u>예약하고</u> 싶습니다.
<u>선적일자를 꼭 확인하세요</u>.
저를 <u>놀리시는 겁니까</u>?

I want to make new friends all over the world.
I'd like to _____ for tomorrow.
_____ check out the shipping date.
Are you _____ me?

I want to make new friends all over the world.
I'd like to make a reservation for tomorrow.
Make sure to check out the shipping date.
Are you making fun of me?

보보샘 거들기

make a noise, make friends, make a reservation, make it a rule to…. 동사 make의 의미가 그대로 반영이 되어있는 표현들입니다. '만들어내다'에서 생각해보면 금방 적용이 되시리라 믿습니다. make it은 '약속을 지키다, '제시간에 도착하다' '해내다' 등의 의미가 있구요. make sure는 확인하다는 뜻으로 뒤에는 make sure to, make sure that, make sure of, make sure if 등 다양한 형식이 올 수 있습니다.

11. 통뼈만들기

앞서 배운 Pattern (동사 make)과 함께 주어진 표현을 활용하여 영작해보세요.

1. 작은 변화들이 큰 차이를 만듭니다. (make a difference)
2. 이 아름다운 꽃은 쵸콜렛으로 만든 것이다. (be made of)
3. 저는 이미 마음의 결정을 내렸습니다. (make up one's mind)
4. 당신의 논지는 전혀 앞뒤가 맞질 않아요. (make sense)

보보샘 거들기

1. make a difference 차이를 만들다 소재의 변화 정도가 클 경우 from을 쓰게 됩니다.
2. be made of (from) ~ ~로 만들어지다 Cheese is made from milk./ Wine is made from grapes.

3. make up my mind 마음의 결정을 하다

4. make sense 말이 맞지 않다 부정문이기 때문에 not ~ make any sense

보보샘은 이렇게 영작했어요

1. Small changes make a big difference.

2. This beautiful flower is made of chocolate.

3. I have already made up my mind.

4. Your argument doesn't make any sense.

보보샘의 소소한 영어 이야기

The advent of the e-book and the future of the paper book (Final, continued from p.196)

The final criterion was related to the clean condition of the book. I can keep the e-book unsoiled and go on reading it just the way it was at first. Far from it, however, as far as I am concerned, I definitely like to look at the marks that I made in the paper book at the previous readings. Underlines, stars, circles, highlighting, folding, and every other mark remind me of the moment that I was reading the book. I like to keep every little moment related to a book, and I would like to accumulate every single mark of each reading so that I can recall the memory of the book.

The phenomenal speed of information technology development has dramatically changed our book culture. No one can deny the enormously powerful influence of e-book on our reading culture and setting. Nevertheless, on the contrary to the experts and some people's expectation, the paper book will not be replaced or occupied by the e-book. It is because the paper book contains invisible but humanized content that the e-book cannot ever copy. Let me put it this way. There is enormous amount of content that we can READ in the e-book, whereas there is unlimited amount of content that we can FEEL in the paper book.

마지막 비교기준은 책의 청결한 상태였었다. 전자 책은 깨끗하게 유지를 하며, 언제나 처음 상태 그대로 읽을 수 있다. 그러나, 다른 사람을 몰라도 난 예전에 내가 읽었던 책에 해두었던 표시들을 보는 것을 좋아한다. 밑줄, 별표, 동그라미, 형광 색, 접어둔 부분… 이 모든 표시들이 내가 그 책을 읽었던 순간의 기억을 내게 다시 가져다 준다. 나는 책과 관련된 모든 사소한 순간을 간직하고 싶다. 읽을 때마다 해 두었던 모든 표시들을 차곡차곡 모아 그 책에 얽힌 기억을 상기시키고 싶다.

 정보 기술 개발의 가공할 만한 속도는 우리의 독서 문화를 엄청나게 바꾸어 놓았다. 그 누구도 전자 책이 우리의 독서 문화와 배경에 미치는 거대한 영향을 무시할 수는 없을 것이다. 그럼에도 불구하고, 전문가들과 몇몇 사람들의 예상과 달리, 종이 책은 전자 책으로 인해 대체되거나 장악되지 않을 것이다. 그것은 종이 책은 눈에 보이지는 않지만 전자 책이 흉내 낼 수 없는 인간적인 내용물을 담고 있기 때문이다. 이렇게 말해볼 수 있을까? "전자 책에는 우리가 읽을 수(Read) 있는 어마어마한 양의 컨텐츠가 있지만, 종이 책에는 우리가 느낄 (feel) 수 있는 무제한의 컨텐츠가 존재한다."고 말이다.

Chapter 03

자, 이제 일상생활에서
여러분의 생각을 영어로 한 번 써볼까요?

Chapter 03

영양이 되는 영작

Protein Writing

영양(Protein)이 되는 영작 편에서는, 생활 속 생생한 영작의 세계를 다루었다. 일기쓰기를 비롯하여, 편지, 후기·평 남기기, 일반 작문 등 다양한 영작의 소스들을 제공하려 노력하였다. 즉, 머리와 골격이 되는 영작 편에서 학습한 여러 영작의 기술들을 생활 속 영작문에 바로 적용시켜 영작의 달인으로 가는 발판을 제공하고자 하였다.

Protein 1 ## Personal Journal (일기 쓰기)

규칙적으로 영어일기를 쓸 수만 있다면, 이보다 더 좋은 영작실천법도 없다고 봅니다. 일기는 주로 본인과 관련된 이야기이므로, 아마 제일 부담없고 실천가능한 영작이 되지 않을까 싶은데요. 영어일기라고 거창하게 생각할 것이 아니라, 그날 그날의 메모나 단상, 내일의 계획을 짧은 글로나마 꾸준히 정리하는 습관이 결국 영어일기의 달인을 만들어 주는 것이 아닌가 싶습니다. 일기장을 이용하는 것 외에도, 요즘은 온라인으로 일기를 쓸 수 있는 사이트나 관련 소프트웨어도 많이 개발되어 있어, 이용해 볼만 합니다.

일기는 그야말로 자유형식이기 때문에, 본인의 취향에 맞게 쓰겠지만, 기본적으로 일기에 자주 등장하는 형식이나 표현을 짚어보고, 여러 달인들의 일기를 살펴보도록 하겠습니다.

1. 섭취하기

  * 영어 일기를 쓰자!…. 근데 뭐부터?

일기의 형식은 Free! 하지만, 기본적으로 날짜와 날씨를 포함하는 경우가 많겠지요.

우리말의 순서와 달리 영어로 날짜를 표현할 때에는 순서가 뒤집어진다는 것, 잘 알고 계시죠? 날짜를 쓸 때에는 기수 (10)나 서수(10th) 모두 가능하지만, 읽을 때에는 항상 서수로 읽어야 합니다. Friday, September 10, 2010 (2010년 9월 10일 금요일)

또는 the 10th of September라고 표기하실 수도 있습니다. 하지만, 일기장의 독자는 주로 본인이므로, 자신만의 스타일로 날짜를 쓴다 한들, 누가 뭐라 하겠습니까?

자, 그럼, 날씨를 묘사할 수 있는 표현들도 정리해볼까요?

좋을 때 : clear, fine, good, sunny, fair, bright
흐릴 때 : cloudy, gray, overcast, gloomy
비올 때 : rainy, a shower
눈올 때 : snowy, the first snow of the season(첫눈), sleet(진눈깨비), powdery snow(싸락눈)
더울 때 : hot, muggy, sultry, boiling, sizzling
변덕스러울 때 : changeable, unsettled
환상적일 때 : perfect, ideal, lovely, gorgeous

간혹 제목이 빠지는 경우가 있는데, 모든 글에는 제목이 있어야 하는 법! 짧은 일기라 하더라도 제목은 필수!~ 반드시 완벽한 문장일 필요가 없으니, 단어나 구를 이용해서도 자유롭게 붙여볼 수 있겠습니다.

달인들의 영어일기 엿보기

(1)
2008-07-24
Clean Room!

I now have a VERY clean room. Yesterday it was VERY messy. I got rid of at least two thirds of my clothes, and then I got rid of SO MUCH other stuff. I don't mind the room being a little messy, but when it's clean, its so nice. It's not very big, so when there're just a few things on the floor it still looks like a mess.

Plus~

I just got a magnetic dry erase board to hang in my room. It's really cool and I bought magnetic dry erase markers to go with it, and a bunch of cute little magnets. It's so good. I like it a lot.

So that's all for now. I'll be back later. Ciao for now!

🌸 보보샘 거들기

일기장과 이야기하듯 편하게 써나가고 있지요? 청소 얘기가 끝나고 나서는 Plus~하고 다음 번 이야기 (자석 화이트 보드와 마커, 그 위에 붙일 자석들을 구매한 이야기)를 자유롭게 썼네요. 마지막 인사까지 해주는 여유!

(2)
3rd. Monday. Very cold a.m.

Seoul home. Sleepless from 1 a.m.

My son tells me he has decided to enter the Agricultural School in Kagoshima. If he goes to Japan and his brother Kisun goes to Tokyo to study music, what a lonesome time I shall have! But for their benefit I can't tell them not to go. They need learn the best Jpan has to teach in habits of discipline, of efficiency, of economy, of cleanliness and of courage, - if they will only learn the best! Forcing them to stay at home will make them play soldiers, thus deteriorating in body and mind.

(Writer: 국사편찬위원회 편,〈윤치호 일기 11〉, 1-2쪽)
개화기의 영어이야기 (2007)에서 발췌

🌸 보보샘 거들기

이 일기는 1938년도 일기입니다. 와~ 굉장히 오래된 일기지요. 개화운동가이자 정치가였던 윤치호 선생의 일기인데요. 기록에 의하면 '영어천재'였다고 하네요. 그도 그럴 것이, 지금처럼 영어에 관한 자료가 많지 않았을 터인데도, 저렇게 훌륭하게 영어일기를 쓸 정도였으니, 그 당시 독보적인 존재가 아니었을까 싶습니다.

(3)
first day of work!
date : July 31, 2008
time : 11:15pm
mood : tired, satisfied and so happy

this is my first day of work and I met my students. teacher dom introduced me to them and what i did the whole day was to observed the class so i will know what to do on monday when my real work begins!

actually im so tired to do this diary and really sleepy but i want to share my happiness with you.

after work, me and my boyfriend met at the mall... and spend time with our friends.. i actually bought him a vans shirt and a vans wallet to thank him for everything.. and
 i did promise him that a long time ago..=] and i bought myself a reebock shirt which i really love.. good thing all items was on sale so we did save a lot of money on really cool items.. hehe

time to sleep..

till tomorow..

(on-line 일기장 my-diary.org에서…)

🐾 보보샘 거들기

인터넷에 자신의 일기장을 만들고, 여러 사람들과 공유할 수 있게 만들어 논 사이트가 있습니다. (www. my-diary.org) 이 곳에서는 다양한 사람들의 다양한 일기들을 볼 수 있는데요. 위의 일기를 보니, 그 날의 기분 (mood)까지도 적어주고 있지요?

문장의 첫 글자는 물론 대문자로 시작하지만, 이 일기에서는 다 소문자로 처리…. 나의 I도 i.. 문장부호도 무신경…. 일기잖아요….^^; (문법적으로 오류가 있는 곳도 있지만, 고치지 않았습니다. 여러분들도 올바른 문장을 써야 한다는 중압감은 가까운 쓰레기통에 내다 버리시고, 일단 한번 시작해보세요.. 자유롭게 말이죠.^^)

2. 소화하기

● 아래의 일기를 읽으면서, 밑줄친 부분의 단어를 순서대로 배열하여 문장을 완성해보세요.

Gloomy, October 7, 2010

I'm So Fat!

Dear Diary,

Every time I look in the mirror, I feel like <u>fattest, the, person in, world, the</u>. I mean I'm 5'3" and 113 pounds. And all of the fat on my body sticks out more and more. So I struggle to <u>appetite and weight, every, day, night, and, my, control</u>. It drives me crazy.

I can't be skinny ever! Please help me!

↳ 영어일기 원문은…

Every time I look in the mirror, I feel like the **fattest person in the world**. I mean I'm 5'3" and 113 pounds. And all of the fat on my body sticks out more and more. So I struggle to **control my appetite and weight every day and night**. It drives me crazy. I can't be skinny ever! Please help me!

● 아래의 영어일기를 읽으면서, 우리말 부분을 완성해보세요.

(1)
A Night Out
March 17, 2006

It is my mother's birthday. (그녀는) 41살이 되신다. I am excited and sad at the same time. I feel this way because she is getting older and also we are going dancing. 자유와 행복을 느낄 수 있어서 나는 춤추는 걸 좋아한다. When we all get there, the club is filled with people. We pick our spot and we sing Happy Birthday at the top of our lungs to my mother who by now is bright red in the face and laughing out loud. My sister and I shoot out of our seats when a great song starts to play. 우리는 엄마를 무대로 끌고 나갔다 to start dancing and having so much fun. The night goes on like a shooting star, it seems like we've only been there just a little while but it has been all night and now it's early morning. I was sad to go home but was also happy to be able to rest my tired feet.

↳ 영어일기 원문은…

It is my mother's birthday. **She is turning 41.** I am excited and sad at the same time. I feel this way because she is getting older and also we are going dancing. **I love to**

Chapter 03 **Protein** 227

dance because I feel free and happy. When we all get there, the club is filled with people. We pick our spot and we sing Happy Birthday at the top of our lungs to my mother who by now is bright red in the face and laughing out loud. My sister and I shoot out of our seats when a great song starts to play. **We take our mother out on the dance floor** to start dancing and having so much fun. The night goes on like a shooting star, it seems like we've only been there just a little while but it has been all night and now it's early morning. I was sad to go home but was also happy to be able to rest my tired feet.

일기의 전체적인 시제가 현재로 되어있습니다. 장면의 생생함을 살리기 위해 간혹 과거의 일이었을 지라 하더라도 현재시제가 쓰이는 경우가 있지요.

(2)
5 weeks and 4 days
June 5, 2008

Well on Thursday 나는 공식적으로 임신 6주가 된다. and that is when the heart beat becomes dectectable! I am really ready for that moment to hear the heart beat and know my baby is ok. We have told all our family now. It was fun they all reacted so differently, but in a good way! My mom-in-law was the best she was just overcome with excitement! (그녀는) 소리를 지르고, 눈물을 터뜨리셨다. whereas my mom was more the quiet over-joyed type. And my father in law was just like "well, I was wondering when you guys were going to get pregnant!"

Anyway so far my pregnancy is uneventful. No morning sickness yet! Yea!
Mostly I am just plain EXHAUSTED… The worst part is that summer is almost over which is bittersweet b/c once

summer is over and I head back to school I will be out of the first trimester and will be in full swing of pregnancy, but then the downside is SUMMARY WILL BE OVER! 나는 정말 최대한 매일매일을 즐기려 하고 있다.

↳ 영어일기 원문은…
5 weeks and 4 days
June 5, 2008

Well on Thurs **I will officially be 6 weeks pregnant** and that is when the heart beat becomes dectectable! I am really ready for that moment to hear the heart beat and know my baby is ok. We have told all our family now. It was fun they all reacted so differently, but in a good way! My mom-in-law was the best she was just overcome with excitement! **She screamed and burst into tears**, whereas my mom was more the quiet over-joyed type. And my father in law was just like "well, I was wondering when you guys were going to get pregnant!"

Anyway so far my pregnancy is uneventful. No morning sickness yet! Yea!
Mostly I am just plain EXHAUSTED… The worst part is that summer is almost over which is bittersweet b/c once summer is over and I head back to school I will be out of the first trimester and will be in full swing of pregnancy but then the downside is SUMMER WILL BE OVER! **I am really just trying to enjoy everyday as much as possible!**

보 보샘의 소소한 영어 이야기

10 Reasons to Keep a Journal
일기를 써야 하는 열 가지 이유

일기를 쓰는 사람들을 대상으로 한 연구에 따르면, 매일 일기를 씀으로 해서 얻는 장점들로 다음과 같은 것들이 있다고 합니다.

1. Improve your health! 건강을 증진시킨다.

일기를 쓰는 사람들은 실제로 병원을 찾는 일이 덜하다고 하네요.

2. Reduce stress! 스트레스를 줄인다.

고민거리나 걱정거리들을 글로 쏟아내니 정화(Catharsis)의 역할을 하겠지요.

3. Stronger relationships! 주변사람들과의 관계가 돈독해진다.

주변사람들에 대해서도 일기를 쓰기 때문에, 그들을 더 잘 이해하게 된다고 합니다.

4. Better organizational skills! 조직, 정리하는 능력이 좋아진다.

목록 작성(list making)이나 시간관리(time management) 능력이 좋아진다고 합니다.

5. Better focus! 집중력이 좋아진다.

실제로 일기를 쓰는 시간 동안에는 자신과 자신에게 일어난 일에 집중할 수 있겠지요.

6. Better solutions for your problems! 문제에 대한 더 나은 해결책을 제시한다.

어떤 문제에 대해서 쓰는 행위는 우뇌에 창의력인 문제해결을 위한 음식을 제공하는 역할을 한다고 합니다.

7. Know yourself better! 자신을 더 잘 알게 되다.

늘 본인에 대해 생각을 할 터이니, 당연히 더 잘 알게 되겠지요.

8. Personal growth! 개인적인 성장을 도모한다.

일기가 자신을 표현하고 창작하는 하나의 도구 (vehicle)가 되어 줌으로써, 성장을 향해 나아갈 수 있게 해준다고 합니다.

9. Enhances intuition and creativity! 직관과 창의성을 증진시킨다.

　일기를 통해 내면의 소리 (inner voice)를 들음으로써 직관(intuition)을 키워준다고 합니다.

10. Captures "Life's Story"! 인생의 이야기들을 포착할 수 있다.

　본인 뿐만 아니라 주변사람들의 인생의 단면을 포착하여 남길 수 있습니다.

　실제 연구에 의한 데이터라고 하니, 정말 일기를 써야 할 이유가 충분한 것 같습니다. 기왕에 좋은 일 하시는 거, 위의 열 가지 혜택을 다 누리시고, 영어실력까지 덤으로 가져 가신다면 더 좋겠지요? So, why don't you try keeping a journal in English from today?

 Review (평, 후기 쓰기)

　Internet 문화가 발전하면서, 우리 모두가 reviewer로서 저마다 목소리를 낼 수 있는 환경이 되었습니다. 실생활과 가까운 예로, 해외 shopping site에서 물건을 사고, 사용 후기를 올릴 수도 있겠구요. 영화나 연극과 같은 문화행사의 관람 후기, 서평, 프로그램평, 여행기 등을 개인의 블로그나 여러 다양한 community를 통해서 선보일 수가 있는 것입니다. 요즘 '영어 좀 한다' 하는 어린이들 사이에선 영어일기쓰기, 영어독후감 쓰기에 도전하는 일이 많아진다고 하는데요. 그리 만만치 않는 review 쓰기! 간단한 댓글형 review부터 시작해 보는 것도 좋겠습니다.

1. 섭취하기

　* Review를 써보자! 근데, 뭐부터?

　Pros & Cons 〈장점과 단점〉 정리해보기!

　구입한 물건이나 서비스에 대해서, 또는 책이나 공연, 영화 등에 대해 어떤 형태로든 review를 써보고자 할 때, 우선 생각해볼 만한 것이, '좋은 점과 나쁜 점', '긍정적인 면과 부정적인 면'이라고 할 수 있겠지요. 물론 온전히 한 쪽에 치우치는 (좋거나, 나쁘거나…) 경우도 있겠지만, 아주 simple하게 댓글의 형태로 다는 상품평이라면, pros&cons만으로도 충분할 것 같습니다. 완전한 문장이어도 좋겠지만, 꼭 그렇지 않아도 상관없겠지요.

　아래의 간단한 댓글형 평가는 구매한 물건에 대한 고객들의 목소리입니다.

　〈스팀청소기 상품평 - Review for Steam mop〉

Pros: Will probably keep your floor cleaned, so long as its already clean.

Cons: Doesn't do much for actual dirty floors.

Pros: lightweight, long cord, just uses water, reusable pads, quick drying, easy to assemble

Cons: small tank, hard to push, noisy, price, feels flimsy, steam will strip wax/shine

Pros: Heats quickly, lightweight, easy to put together and the steam is not too heavy.

Cons: Pads aren't secure enough, mop doesn't glide easily and Price

〈리조트와 온천 이용평 – Review for Resort and Spa〉

Pros: Beautiful rooms and setting

Cons: Unprofessional staff, disregard for customer comfort

Pros: The hotel's location on the island is stunning!

Cons: Super expensive, somewhat removed, but it's still a magnificent location!

〈MP3 플레이어 상품평 – Review for MP3 Player〉

Pros: Reliable and Effective

Cons: Lack of sound quality compared to competitor brands.

Pros: battery life

Cons: reliability customer service price

Pros: Plays music, photos, and video in a tiny package.

Cons: Expensive cable required if you want to show video on a TV.

Pros: Sound is clear. Video is clear. Easy to upload your music. Small and compact.
Cons: Should come with a carrying case to keep from getting scratched.

Pros: new, small, with lots of capabilities
Cons: Doesn't support older operating systems even though they aren't outdated!

〈자동차 구매후기 – Review for car〉
Pros: Extreme savings in gas and cute
Cons: cheap and uncomfortable interior, super weak engine

Pros: Fuel mileage, sporty appearance, easy parking, price
Cons: None yet

Pros: Great styling. Gas mileage. Cool AC. Responsive tracking/good ride!
Cons: I have found nothing bad, about this car.

〈팩스 상품평 – Review for Fax machine〉
Pros: None -
Cons: Printed paper gets wadded up in narrow area where it's supposed to come out

Pros: easy to use, not too expensive, prints confirmation sheet without asking, warranty
Cons: none

Pros: Easy set up, small footprint, great print quality, great price.
Cons: I honestly can't think of a single one

Pros: WHAT CAN I SAY IT IS THE BEST, WISH ALL PRODUCTS THIS GOOD.

Cons: WHERE THE PAPER EXITS COULD BE BETTER, BUT OTHER THAN THAT, EXCELLENT.

* 달인들의 영어 Review 엿보기

〈자동차 아기시트 구매후기 – Review for baby car seat〉

"Must be the best car seat ever!"

After getting a recommendation from my local baby shop on the Jane Strata and all the new research completed on Oxygen saturation, I decided to purchase this seat. Apart from it being extremely sturdy, easy to fit and it looks great, my daughter sits beautifully in it and her head does not flop forward like my sons did in the Mamas & Papas. The only negative point is that it is heavier than some models but my main priority was my daughters posture in the seat and it is fantastic!

〈시계 구매 후기 – Review for a watch〉

This watch is something else! One glance at this watch and it will drive you towards it. Even though this watch is so expensive, it is so worth getting. I bought this product to show off to all of my friends. If you saw how shiny and how amazing looking this watch was you would be drooling on it. The first time my friends caught a glance at this beauty, that was it right there, i was the big man, with the studs of the place. The thing that I love most about this product is how cool it looks. I can not come up with a better word to describe how this watch makes me feel. It makes me think that when I am walking down the street that everyone has there eyes on me. The only thing that I do not like about this product is that on really hot days it is just like an extra piece of clothing on my skin. The worst part is trying to make sure I feel safe putting it somewhere when I go into any kind of water. It is the worst at the beach when I know everyone is walking around and I can just stick it in a case or my shoe, where I know someone can easily wonder into.

⟨영화평 – Moview Review (Kung Fu Panda)⟩

Good Points: Funny, Exciting, Excellent CGI, Great Cast

Bad Points: Might be too intense for younger children.

General Comments

I usually don't write movie reviews, but for KUNG FU PANDA I'll make an exception. It's a great family movie for those with kids old enough to enjoy a feature film and it's something the parents will have fun watching too. The story centers around a rotund and slacker panda named Po who works in his father's noodle shop but longs to be a kung fu fighter. This is not only a fun family movie but a true comedy and an action, adventure film. I highly recommend this film to everyone that likes to have a good time at the cinema.

⟨서평 – Book Review (Who moved my cheese?)⟩

We are all faced with change in our lives, and this story is designed to help us prepare for and manage the inevitable changes we will encounter.

At first glance, this book presents itself as just another in the large collection of tomes offering a quick and easy solution to complicated issues, but take a moment out of your busy life, and you may see that a little preparation for tomorrow goes a long way toward making today a better day.

The juvenile approach, with mice and little people searching for cheese, may strike the reader as simplistic. After a little introspection, however, one begins to see himself and others in each of the characters, and can indeed apply the lessons to real life situations. Each character in the story has traits we encounter every day in business and home life. We all can find within ourselves some of the strengths and weaknesses identified in this book. It may seem painfully obvious, and one might feel that the book speaks down to them, but take a moment to reflect, and you may realize that oversimplifying life's difficulties sometimes clarifies things in just the you we need.

Many companies are using this book to help staff and employees cope with the rapidly changing business world, and those who pay attention will indeed be better prepared for the future.

2. 소화하기

● 아래의 review를 읽으면서, 밑줄 친 부분의 단어를 순서대로 배열하여 문장을 완성해보세요.

〈휴대폰 구매평〉

<u>I, like, would, express, to, deepest, dissatisfaction, of, my, the quality of the phone</u> and service I received. The unsatisfactory quality of the phone has resulted in my suffering massive loss of data in the corrupted memory card. In addition, <u>caused, inconvenience, me great, it.</u>

저는 휴대폰의 품질과 제가 받은 서비스에 대해 깊은 실망감을 표현하고자 합니다. 휴대폰의 불만족스러운 품질 때

문에 결국 메모리카드의 엄청난 양의 데이터가 손실되는 지경에 이르렀습니다. 그 뿐 아니어도, 이 휴대폰으로 인해 매우 불편했습니다.

I would like to express my deepest dissatisfaction of the quality of the phone and service I received. The unsatisfactory quality of the phone has resulted in my suffering massive loss of data in the corrupted memory card. In addition, **it caused me great inconvenience.**

● 다음은 쇼핑과 관련하여 불쾌한 경험을 한 소비자의 불만 접수 글의 일부입니다. 우리말을 참고하시어, 빈 칸을 완성해보세요.

This letter is a complaint _____ the actions of one of your salespersons. On Thursday, May 1, 2008, around 3 PM, I went to your store _____. When I asked one of the available salesperson, Ms. Kate Monroe, for help in finding my size, she informed me that she was busy and that I would have to find it myself …… I felt that she was rude and unnecessarily curt with me. It is not so much what she said, but the tone in which it has said. If she was that busy, she could have simply and politely told me that she would be able to help me in a moment. I hope that you will talk to Ms. Monroe about her behavior. I shop frequently at your store and I _____ a more pleasurable shopping experience next time.

이 편지는 귀하의 판매직원 한 명의 행동에 관한 불만 사항입니다. 2008년 5월 1일 목요일에 3시경, 저는 청바지를 둘러보려고 귀하의 상점을 갔습니다. 제가 가능한 직원인, Kate Monroe양에게 사이즈를 찾는 것을 도와달라고 요청했더니, 자기가 바쁘다고, 저보고 알아서 찾으라고 하더군요…… 저는 monroe양이 무례하고, 불필요하게 퉁명스럽다고 느꼈습니다. 말의 내용보다는 말투가 문제였습니다. 바빴다면, 그냥 공손하게 잠시 후에 도와줄 수 있노라 얘기할 수도 있었을 텐데요. 그녀의 행동에 대해서 Monroe양과 이야기해보시기 바랍니다. 저는 귀하의 상점에서 쇼핑을 자주 합니다. 다음 번에는 좀 더 유쾌한 경험을 할 수 있기를 기대합니다.

보보샘은 이렇게 영작했어요

This letter is a complaint **concerning** the actions of one of your salespersons. On Thursday, May 1, 2008, around 3 PM, I went to your store **to look for jeans**. When I asked one of the available salesperson, Ms. Kate Monroe, for help in finding my size, she informed me that she was busy and that I would have to find it myself .... I felt that she was rude and unnecessarily curt with me. It is not so much what she said, but the tone in which it has said. If she was that busy, she could have simply and politely told me that she would be able to help me in a moment. I hope that you will talk to Ms. Monroe about her behavior. I shop frequently at your store and I **look forward to** a more pleasurable shopping experience next time.

보보샘의 소소한 영어 이야기

Internet forum을 통한 Communication

인터넷에서의 소통의 유형은 정말 다양합니다. 의지만 있다면, 얼마든지 인터넷을 활용해 영어로 communication을 하며, 정보도 얻고 영어실력도 차곡차곡 쌓아갈 수 있다는 얘기지요. 그렇다면 혹시 Internet forum을 통해 의견을 나누어보신 적이 있으신가요?

Internet forum을 정의한 내용을 먼저 보시면…

An Internet forum is a discussion area on a website. Website members can post discussions and read and respond to posts by other forum members. An Internet forum can be focused on nearly any subject …… An Internet forum is also called a message board, discussion group, bulletin board or web forum. However, it differs from a blog, the name for a web log, as a blog is usually written by one user and usually only allows for the responses of others to the blog material. An Internet forum usually allows all members to make posts and start new topics.

대학 강의에도 활용이 많이 되고 있어, 어떤 주제에 대해서, 교실 상황을 벗어나, 얼마든지 온라인 상에서 설전이 가능해집니다.^^ 옆에 보시는 forum은 음악을 좋아하는 사람들이 모여 Josh Groban이라는 가수와 그의 음악에 대한 서로의 의견을 개진하고, 평가하는 내용을 담고 있습니다. 댓글을 달듯이 간결하고 쉽게 쓰여있는 문장들이 보이시죠? 여러분은 어떤 주제로 forum에 참여하고 싶은가요?

Author	Topic: josh groban.......the best (Read 830 times)

0 Members and 1 Guest are viewing this topic.

Pooh
Forum member
⭐
☐ Offline
Posts: 25

josh groban.......the best
« **on:** December 08, 2005, 06:33:58 PM »

josh groban is the best ever, (if you have taste)

🗎 Logged

Mc_Whizzkid
Forum member
⭐
☐ Offline
Gender: ♂
Posts: 479

josh groban.......the best
« **Reply #1 on:** December 09, 2005, 11:07:10 AM »

you raise me up is amazing-thats the only song i know by him

🗎 Logged

---

no1_chris_fan
Star forum member
⭐⭐⭐⭐
☐ Offline
Posts: 6,587

josh groban.......the best
« **Reply #2 on:** December 09, 2005, 07:09:00 PM »

I absolutely LOVE Josh Groban!!!!

🗎 Logged

Pooh
Forum member
⭐
☐ Offline
Posts: 25

josh groban.......the best
« **Reply #3 on:** December 09, 2005, 07:38:59 PM »

🙂 if you listen 2 his cd 'closer' u will c how unbelivably(not spelled right hehe) awsome and talented he is!!! u rasie me up is deff one of my faves 🙂

🗎 Logged

Angelke
Forum member
⭐⭐
☐ Offline
Posts: 255

josh groban.......the best
« **Reply #4 on:** December 10, 2005, 06:19:27 PM »

Love him too, You raise me up is not even his best song for me

🗎 Logged

Pooh
Forum member
⭐
☐ Offline
Posts: 25

josh groban.......the best
« **Reply #5 on:** December 11, 2005, 03:58:48 PM »

ohh yer deffiantly,
some of the spanish-sounding ones are realy nice, he is so talented 🙂

🗎 Logged

---

pom
Star forum member
⭐⭐⭐⭐
☐ Offline
Gender: ♀
Posts: 933

Re: josh groban.......the best
« **Reply #6 on:** February 23, 2007, 05:32:03 PM »

There isn't one bad track on Closer - Raise me up is fantastic of course, but Oceano and Remember when it rained give me goose pimples.

And he is of course beautiful - that always helps 😊

🗎 Logged

---

jammydodger
Confusified: And if i can choose my Heaven can it be one big musical please???
Star forum member
⭐⭐⭐⭐
☐ Offline
Gender: ♀

Re: josh groban.......the best
« **Reply #7 on:** February 25, 2007, 11:55:45 PM »

I love Josh Groban. Oceano is one of my favourites and when he performed with Idina Menzel recently to of my favourite voices combined........well 🫘 🫘

Protein 3

Memo (메모 쓰기)

메모 (Memorandum)는 일상 생활에서 우리가 자주 접하는 작문형태 중의 하나입니다. 다른 글쓰기에 비해 내용이 간단하고, 길이가 비교적 짧기 때문에, 영어로 시도해보는 데 있어서, 부담도 덜하겠지요. 메모의 내용은 일반적으로, 상대방에게 간단한 정보를 전달해주거나, 무언가를 요청하거나 하는 경우일텐데, 어떻게 효과적으로 전달할 수 있을까요?

1. 섭취하기

* 영어 memo를 쓰자! 근데, 어떻게 시작하지?

메모도 일정의 편지형식이기 때문에, 보내는 사람과 받는 사람, 날짜, 그리고 메모의 제목 정도는 들어가 있어야겠지요? 물론 친구 사이의 쪽지나 가까운 지인 사이의 메모라면, 이런 형식에서도 탈피할 수 있습니다. 자, 아래의 memo는 제가 여러분들께 보내는 memo입니다.

Date: December 1, 2008
To: All readers of '영작문의 달인이 되는 법'
From : Bobo, the writer
Re: Don't give up!

Beginning is half the job! No pain is no gain!

Writing something in English is not a simple task, but if you keep trying, you'll begin to feel a little more comfortable with writing in English. So don't give up in the middle! You are almost there!

제목란의 Re:는 Email에서는 물론 답신 (Reply)의 약자로 쓰이기도 하지만, 'in the matter of'을 뜻하는 라틴어에서 온 것입니다. 간혹 regarding (~에 대해서)의 약자로 오해하는 경우도 있는데, regarding, concerning, about의 의미를 지닌 라틴어입니다. 제목이므로, 'subject:'로 시작해도 좋겠습니다.

* 달인의 memo 엿보기

아래의 memo는 일종의 회람 (circulation)으로, 전 직원에게 돌려 정보를 전달하는 memo입니다.

(1)
Date: December 1, 2008
To: All employees
From: Tim Robbins, the manager of Dept. of Faculty
Re: Energy saving

Could you please switch off your computer monitor when it is not in use?
People in general want to save energy and the environment but they are actually too careless. We have to be really careful and try to do our best to save energy at all times.

If you want to change the settings on your computer to save energy, follow the attached steps. It's simple and easy.

이웃끼리도 간단한 메모를 주고받을 수 있겠지요. 아래의 메모는 이웃에게 사과를 전하는 메모입니다.

(2)

Date: December 1, 2020

To: Ms. Houston

From: Becky

Re: apology and reimbursement

I would like to apologize for the damage my son caused to your window. Please send me the repair bill, so I can reimburse you. I assure you that this will not happen again. If there is anything else I can do for you, please let me know.

Becky Jin, your neighbor

회사에서 보고서(Report)를 아주 간단하게 메모의 형식으로 전달하는 경우도 있는데요.

아래는 회의보고서를 간단한 메모 형식으로 작성한 예입니다

(3)

MEMORANDUM

TO: Design Team

FROM: W.B. Park

DATE: June 27, 2008

SUBJECT: Weekly Meeting

- Purpose: This memo presents my impressions of the meeting last week.
- Summary: In general, I felt that the meeting went well and much progress was made.

- Discussion: Kim and Beak were able to make progress on the graphics and should have them finished next week. James and Becky are on Chapter 2 of the user manual.
- Recommendation: James will meet with Susan to see how they want the graphics integrated into the text.

2. 소화하기

● 아래의 메모를 읽으면서, 밑줄친 부분의 단어를 순서대로 배열하여 문장을 완성해보세요.

Date: September 13, 2008
From: Jeremy Hapkins
To: Professor Richard Dane
Subject: Missing, Excuse, for, Class, September 10, on, 2007

<u>I, unable, be, to, will, attend, class, Monday, September 10, on, 2008.</u> The reason for missing class is that I have been ill since September 9, 2007 and the doctor has advised me to fully rest at least till September 12, 2008. I am enclosing a copy of the doctor's excuse that reflects these dates.

Please let me know how I can makeup the missed submitted assignment and the missed in-class quiz of September 10, 2007.

Date: September 13, 2008
From: Jeremy Hapkins

To: Professor Richard Dane

Subject: Excuse for Missing Class on September 10, 2007

I will be unable to attend class on Monday, September 10, 2008. The reason for missing class is that I have been ill since September 9, 2007 and the doctor has advised me to fully rest at least till September 12, 2008. I am enclosing a copy of the doctor's excuse that reflects these dates.

Please let me know how I can makeup the missed submitted assignment and the missed in-class quiz of September 10, 2007.

◉ 아래의 영어메모 (공지사항)를 읽으면서 우리말 부분을 완성해 보세요.

Notice for Students

NO TOBACCO IN OUR SCHOOL OR ON OUR SCHOOL GROUNDS

The provincial government has made amendments to strengthen the Tobacco Control Act.

It is now 담배피는 것은 불법 or use tobacco 학교 안 어디든 지 at any time, whether school is in session or not.

The school-related provisions in the Tobacco Control Act 모두에게 적용된다: students, teachers, other staff members, and anyone visiting our school.

WHY NO TOBACCO IN OUR SCHOOL OR SCHOOLYARD?

* Because most smokers start before the age of 18
* Because 우리는 당신의 건강을 염려한다 and we want you to stay healthy and fit
* Because tobacco is addictive

* Because it's the law

Please respect your school and these new legal requirements.

Thank you for your cooperation.

Notice for students

NO TOBACCO IN OUR SCHOOL OR ON OUR SCHOOL GROUNDS

The provincial government has made amendments to strengthen the Tobacco Control Act.

It is now **illegal to smoke** or use tobacco **anywhere in the school** at any time, whether school is in session or not.

The school-related provisions in the Tobacco Control Act **apply to everyone** : students, teachers, other staff members, and anyone visiting our school.

WHY NO TOBACCO IN OUR SCHOOL OR SCHOOLYARD?

* Because most smokers start before the age of 18
* Because **we care about your health** and we want you to stay healthy and fit
* Because tobacco is addictive
* Because it's the law

Please respect your school and these new legal requirements.

Thank you for your cooperation.

보 보샘의 소소한 영어 이야기

Business Memo도 전략이다!

자신의 분야에서 성공한 사람들을 보면, 공통적으로 메모를 가까이한다는 특징이 있습니다. 늘 수첩을 지니고 다니면서, 그때마다 떠오르는 아이디어나 단상들을 기록하는 습관은 결국 성공과도 연결되는 것 같습니다. 언젠가 텔레비전에서 소개되었던 한 만화가의 메모 습관은, 그의 작품 하나하나가 결국 메모 한 장에서 시작되었다고 해도 과언이 아닐만큼 치밀하고 디테일했는데요.

개인의 수첩에 자유롭게 기록하는 메모와는 달리 Business memo는 업무와 관련한 사항들을 다른 사람들과 공유하는 것이므로, 오해가 발생하지 않도록 clear하게 작성하는 것이 좋겠습니다. Business memo와 관련해서 아래와 같은 지침들이 눈에 띄는군요.

- Clearly state the purpose of the memo in the subject line. 내가 메모를 왜, 무슨 내용에 관해 쓰고 있는지 목적을 상실하면 안돼요~
- Keep language professional, simple and polite.
  프로답고 정중한 어투, 횡설수설은 금물!
- Use short sentences.
  간결한 문장이 좋아요~
- Use bullets if a lot of information is conveyed.
  할 말이 많을 경우, 글머리기호를 사용하면 읽는 사람이 편하겠지요.
- Don't use a complimentary close.
  편지나 이메일에서 쓰는 맺음성 인사말 (Sincerely, Regards, 등)은 잊어주세요~
- Don't sign a memo at the bottom.

정중하고 다정한 어투는 물론 좋지만, 그렇다고 편지글처럼 너무 formal할 필요는 없어요. 사인도 굳이 하실 필요 없고…

- Spell-check your memo. 마지막으로 철자를 검토해주는 센스! 웬지 철자에 자신이 없어진다면, 지체말고 사전을 통해 확인한 후 처리하시는 게 안전하겠지요. 무심코 틀린 spelling 하나가 professional한 여러분의 image에 오점을 남겨선 안되니까요.

Protein 4 Email (이메일/편지 쓰기)

영어로 Email을 작성해보는 것도 영작의 달인으로 가는 하나의 방편이 될 수 있습니다. 전화만큼이나 보편화된 통신 수단이니만큼, 친구들끼리 영어공부도 할 겸 재미 삼아 영어 Email을 주고받는다면 영어학습에 큰 도움이 되겠지요. 사적인 이메일에서 특별히 갖추어야 할 형식이나 제약은 없습니다. 다만, Email은 주요한 business communication 방편 중의 하나이기도 하니, 여러 formal한 상황의 email 표현들과 관련 sample email들을 위주로 살펴보도록 하겠습니다.

1. 섭취하기

* 영어 email을 쓰자! 근데, 어떻게 시작하지?

영어로 email을 쓰려고 하면, 항상 제일 첫 문장에서 걸려 진행이 어려운 경우가 많습니다. 이메일을 쓰는 상황을 유형별로 묶어서, 시작하는 부분의 표현을 한 번 짚어보도록 하겠습니다.

> **상대방의 편지에 대한 답변일 때**
>
> In response to you letter of ~~, I am writing ~~
>
> With reference to your letter of ~~, I would like to~
>
> Thank you for your letter of ~~.

우리말로 '편지 잘 받았습니다'를 그대로 영어로 옮길 경우 참으로 어색한 영어문장이 됩니다. I received your letter well…(X) (어떻게 받았길래 잘 받았다는 것인지….두 손으로?^^;)

'편지 잘 받았다.'를 영어스럽게 바꾼 것이 바로 Thank you for your letter of ~~

가 되는 것이지요.

'영어스럽게 생각해보기!' 영작의 달인이 되기 위해서는 항상 고민하셔야 하는 부분입니다.

감사할 일이 있을 때

I would like to take this opportunity to express my thanks for ~

I would like to express my deep gratitude for ~

Thank you very much for ~

Please accept my thanks for~

요청할 일이 있을 때

We would like to ask(request) you to (that) ~

This is to request you to ~

상대방의 요청에 대한 회신

In response to your request about ~~, we are pleased to ~

We are pleased to respond to you regarding your request for ~

기쁜 소식을 듣고

I learned that you have been promoted to ~

Congratulations on your ~

I was very pleased to hear that ~

유감을 표할 때

We regret to inform you that ~

Please accept our deep regret for ~

* 영어 Email, 어떻게 끝내지…?

하고 싶은 얘기를 다 하고 난 후, 끝맺음을 할 때는, 어떤 표현들이 좋을까요?

회신을 요청하면서

We look forward to hearing from you soon.

You early reply would be highly appreciated.

Please reply before the end of this month.

지원, 협조하겠다…

If there is anything we can do for you, please do not hesitate to contact us.

Please don't hesitate to contact us whenever you are in need of~

Please understand that we are prepared to help you in~

지원, 협조해 주세요…

It would be very much appreciated if you could kindly send us~

Your kind attention in this matter would be much appreciated.

We anticipate your favorable consideration in this matter.

만남을 고대하면서…

I look forward to seeing you soon

I hope to meet you sometime in the near future.

행운 성공 기원하면서…

We wish you and your company a continued success in the coming New Year.

We wish you a happy and prosperous New Year!

* 달인들의 영어 email속 표현들 엿보기

문의합니다.

관심있는 상품에 관해 문의를 한다거나, 일자리에 관해 문의를 하는 경우 등, 일상생활에서 궁금한 사항을 공식적으로 문의할 경우가 많이 있습니다. 다양한 문장으로 표현이 가능하겠지만, 여기서는 동사 inquire와 would like to know/have 등을 활용해서 영작해보겠습니다.

1. inquire

I am writing to inquire about/if/whether ~

I am writing to inquire about any openings of your company.
귀사에 일자리가 있는 문의 드리고자 이 편지를 씁니다.

I am writing to inquire about the possibility of working as sales manager for your organization.
귀사의 영업 과장으로 일할 자리가 있는지 알아 보고자 이 편지를 씁니다.

I am writing to inquire if you and your staff are interested in our product demonstrated last meeting.
당신과 당신 직원들이 지난 회의때 보여드린 저희 제품에 관심이 있으신 지 문의하고자 이 편지를 씁니다.

We are writing to inquire whether we can establish cooperative relationship with you.
귀사와 협력관계를 구축할 수 있을 지 문의하기 위해 편지를 씁니다.

2. know

We are interested in~, and(so) we would like to know about/receive/have~
Since we intended to~, please let me know/ we would like to know whether~

We are interested in importing Korean traditional clothing, and would like to receive a copy of your recent catalogue.
저희는 한국전통의류 수입에 관심이 있어서, 귀사의 최근 카달로그 한부를 받고 싶습니다.

I am interested in finding more information about the price of your service, so I would like to speak to the service manager of your company.
귀사의 서비스의 가격에 대한 더 많은 정보에 관심이 있으므로, 귀사의 서비스담당자와 통화하고 싶습니다.

Since I intend to buy a computer for my personal use, please let me know which one of the following is better. 제가 개인적인 목적으로 컴퓨터를 구매하고자 합니다. 다음 중 어떤 것이 좋을 지 알려주십시오.

보보샘 거들기

직접적으로 '문의하다'의 어휘를 써서 I am writing to inquire about~이라고 표현할 수도 있겠지만, '알고 싶습니다'의 표현인 I would like to know/have~ 등을 사용할 수도 있겠습니다. 이 때 '~에 대해서'는 about이나 whether 또는 if절로 연결이 가능합니다.

다양한 의사전개가 물론 가능합니다만, '관심있으니, 문의한다/알고싶다'의 패턴을 활용해서 I am interested~, and I would like to know~ 등의 문장을 써볼 수 있겠습니다.

요청합니다

상대방에게 어떤 일을 부탁하거나 요청할 때는 어떤 표현을 써서 공손하게 의사를 전달할 수 있을 지 알아보겠습니다. 조동사 would와 could를 사용하여 부탁을 하는 formal한 문장을 기대해 볼 수 있겠구요. 또 동사 ask와 request는 요청을 하는 경우에 사용할 수 있겠습니다.

1. would like you to…

We would like you to send us some copies of the catalogue of your new products.
귀사의 신제품 카탈로그 몇 부를 저희에게 보내주시기를 부탁드립니다.

I would like you to give a presentation on behalf of me.
저를 대신해서 당신이 발표를 해주시면 좋겠어요.

2. Could you please…

Could you please provide more specific information on the material?
자료에 대한 좀 더 구체적인 정보를 제공해주시겠습니까?

Could you please give me your personal information via email?
귀하의 저희에게 개인 정보를 이메일로 주시겠습니까?

3. ask

I'd like to ask you to understand our unavoidable situation.
저희의 불가피한 상황을 이해해주시기 부탁드립니다.

We would like to ask you to finish the sales report by tomorrow.
판매보고서를 내일까지 끝내주시기를 부탁드리고자 합니다.

We ask for your cooperation. 협력해주실 것을 부탁드립니다.

4. request

We request that you read this Privacy Policy carefully.
귀하께 사생활 보호정책을 주의깊게 읽어보시기를 요청합니다.

I requested you to reset my password several days ago, but I haven't got any feedback yet.

수일 전에 당신께 제 비밀번호를 재설정 해달라고 요청했는데, 아직껏 답변을 못받았습니다.

보보샘 거들기

Would like you to~와 Could you please ~는 비교적 부드럽게 '~해주시면 좋겠다' '~해주실 수 있겠느냐' 의 느낌으로 상대방에게 부탁하거나 의뢰를 하는 표현이라면, ask나 request는 좀 더 강력하게 요청하고 당부하는 느낌입니다. ask의 경우 전치사 for와 함께 쓸 수 있습니다. request는 목적어와 to부정사, that절 모두 함께 쓸 수 있습니다. 이 때 that절의 동사는 should 원형이 와야 하는데, should가 생략이 왕왕 되기 때문에, 그냥 원형동사가 오게 됩니다. 꼭 기억하시기 바랍니다.

사과합니다

효과적으로 사과하기 위해서는, 장황하게 자기의 잘못을 늘어놓지 말고, 잘못한 부분만 명쾌하게 짚어 사과해야겠지요. 즉 'I am very very very sorry.' 처럼 너무 오버하지 않도록 하셔야 합니다. Business Correspondence인 경우에는, 사과한 사항에 대해 어떤 후속조치가 있을 지 구체적이고 명확하게 서술하셔야 하겠구요. 마지막으로 레터 자체의 내용에 문법적인 오류나 표현의 실수로 인해 다시 사과할 일이 안 생기도록 확실한 감수는 필수입니다.

그럼, 동사 apologize와 명사 apology를 활용해서 문장을 만들어보겠습니다.

1. apologize

Apologize for~ / apologize to you for~

We apologize for any inconvenience caused. 불편을 끼쳐드린 점 사과합니다.

I'd like to apologize for my spelling errors. 제 철자오류에 대해 사과하고자 합니다.

We would like to apologize to all the U2 fans for the huge delay of the concert.
콘서트 지연에 대해서 모든 U2 팬들께 사과드립니다.

We must apologize to you for being late in answering your request.
귀하의 답변이 늦어진 점 저희가 사과 드려야 할 것 같습니다.

2. apology

Accept apology for~/would like to extend apology to~ for~

Please accept our apologies for the inconvenience.
불편에 대해 저희의 사과를 받아주시기 바랍니다.

Please accept our apologies if you receive multiple copies of this announcement.
혹 이 공지를 여러장 받으신다면, 사과드립니다.

I'd like to extend my sincere apologies to you for my behavior on Friday night.
금요일밤의 제 행동에 대해 당신께 심심한 사과를 드립니다.

The government of Japan would like to take this opportunity once again to extend its fullest apologies.
일본정부는 다시한 번 이 기회를 빌어 진심어린 사과를 드리고자 합니다.

보보샘 거들기

accept apologies나 extend apologies의 경우는 would like to apologize보다도 더 formal한 느낌이 들지요. 이 때 명사 apology앞에 sincere, the fullest 등을 붙혀주면 의미가 더욱 강조가 되겠습니다. 마지막 문장은 take this opportunity to~를 써서, '~할 기회로 삼다' 는 뜻이 되겠습니다.

2. 소화하기

● 아래의 email을 읽으면서, 밑줄 친 부분의 단어를 순서대로 배열하여 문장을 완성해보세요.

Dear sir,

We are particularly interested in this type of product. However, we would like to have <u>more, information, it, on, detailed</u>, and would like to receive your latest catalog covering it, plus any of your other products if necessary. We would appreciate it <u>if, you, send it, by, to, delivery, us, express</u>.

Regards,

Sally

담당자님께,

저희는 이런 유형의 제품에 특히 관심이 있습니다. 그것에 대한 더 상세한 정보를 얻고자 하므로, 귀사의 제품에 관한 가장 최근 카탈로그를 받아보고 싶습니다. 빠른 우편으로 보내주시면 감사하겠습니다.

Dear sir,

We are particularly interested in this type of product. However, we would like to have **more detailed information on it**, and would like to receive your latest catalog covering it, plus any of your other products if necessary. We would appreciate it **if you send it to us by express delivery**.

Regards,

Sally

● 아래의 영어 email을 읽으면서, 우리말 부분을 완성해보세요.

Dear Professor Lee:

Thank you for finding time in your busy schedule to review some material for a new adult course we are developing. A package of review material was sent out to you yesterday evening 5/7/08, via FedEx. (당신은) (그것을) 2~3일 후면 받으실 겁니다. If you need to go online (fedex.com) to check where the package is, the tracking number is: 8585 0354 7984. If you have any problem tracking or receiving this package, please contact Julia Meuse at: jmeuse@cambridge.org. 소포를 받으시면 이메일로 제게 알려주시겠어요? Thank you!

└ Email 원문은…

Dear Professor Lee:

Thank you for finding time in your busy schedule to review some material for a new adult course we are developing. A package of review material was sent out to you yesterday evening 5/7/08, via FedEx. **You should receive it in two or three days.** If you need to go online (fedex.com) to check where the package is, the tracking number is: 8585 0354 7984. If you have any problem tracking or receiving this package, please contact Julia Meuse at: jmeuse@cambridge.org. **Would you please let me know via email when you receive the package?** Thank you!

보보샘의 소소한 영어 이야기

English-amusingly yours, Bobo

제가 처음 Email을 접해본 때가 1994년으로 기억됩니다. 외국인 회사에 근무할 때였는데, 그때만해도 지금처럼 시각적으로 화려한 윈도우가 아닌, 까만 바탕에 초록색 글자만 나오던 DOS system이었지요.^^ 어쨌거나 컴퓨터로 머나먼 나라의 사람들과 거의 실시간으로 의사소통을 할 수 있다는 것이 그땐 참으로 신기하고 놀라웠었는데, 어느새 매일 메일을 확인하고 있으니, 그야말로 디지털 우편 세상이라고 해도 과언이 아닙니다.^^;

Email이나 letter를 쓸 때에, 본문 아래에 간단하게 끝인사를 하게 되는데, 영어로는 Complimentary closing이라고 합니다. "~ yours," 혹은 "Yours ~," 하는 식의 표현이나 "Best regards (wishes)," 등이 대표적이지요. 이런 complimentary closing은 보내는 서신의 격식성 (formality)를 반영하기도 합니다. 즉, 일반적인 business email에서는 Sincerely yours, 가 제일 많이 쓰이지만, 요즘은 Best wishes,나 Best regards, Cordially, 등의 약간 은 informal한 closing도 많이 쓰이는 것 같습니다. 또한, Respectfully,나 Truly,는 너무 딱딱하거나 진부한 끝맺음이 되어 보통은 잘 안 쓰는 듯 하구요.

그런데, 기존의 이미 만들어진 (prefabricated) 맺음말을 쓰는 것도 좋지만, 여건이 된다면 새로운 맺음말에 도전해보는 것도 재미있을 것 같습니다. 물론 받는 이와의 관계, 본문의 내용 등을 고려하셔야 합니다. 세계굴지의 기업 LG의 광고copy 중에도 비슷하게 지어진 문구가 있습니다. "Digitally yours, LG"라고 쓰여진 광고판을 보신적이 있으신가요? 앞서나가는 전자제품제조업체로서 소비자들과 Digital로 의사 소통한다는 메세지를 정말 핵심적으로 잘 담아낸 것 같아 기억에 남습니다.

그래서, 저도 제목에 'English-amusingly yours, Bobo'라고 한번 지어봤습니다. '영어를 재미있게 공부해보자'라는 제 메시지가 전달이 되었을까요?^^ 참고로, complimentary closing은 앞 단어 첫 글자만 대문자이고 yours는 소문자로 쓰셔야 합니다. 또한 yours뒤에는 comma를 반드시 넣고 그 다음 줄에 본인의 이름 혹은 서명이 와야 한다는 겁니다. 잘 아시겠지요? 그럼, 이만 총총

English-amusingly yours,
Bobo

Protein 5 Card (카드 쓰기)

카드는 주로 선물과 함께 동봉되기 때문에, 장문의 글이 들어간다기 보다는, 짧지만 마음을 담게 되는 경우가 많지요. 축하한다거나, 고마워한다거나 위로한다거나… 그 외에도 어떤 행사에 초대하는 초대장도 생각해 볼 수 있겠고, 연말에 쓰는 연하장의 문구도 영어로 직접 써볼 수 있을 것 같습니다. 각각의 상황에서 주로 어떤 문구들이 적절한 지, 주의할 점은 무엇인 지 살펴보고, 여러 card sample 들도 제시해 보도록 하겠습니다.

1. 섭취하기

* 영어 카드를 쓰자! 근데, 무슨카드…?

〈감사카드〉

고마운 마음을 담아 전할 수 있는 표현들을 소개합니다. 동사 thank와 appreciate, 그리고 형용사 grateful입니다. 각 어휘를 넣어 문장을 어떻게 완성하는 지에 초점을 두고 익히시기 바랍니다.

1. Thank

Thank you for~, Thanks for~

가장 많이 쓰이는 표현이지요. Thank you for +감사 이유(명사나 동명사의 형태로..)

Thank you for the flowers. 꽃 감사합니다.

Thank you for joining us today. 오늘 함께해 주셔서 감사합니다.

Thank you very much for your time and advice. 시간 내주시고, 조언해주셔서 대단히 감사합니다.

Thank you so much for taking time from your busy schedule. 바쁘실텐데 시간 내주셔서 감사합니다.

2. Appreciate

I appreciate + sth, sth + be appreciated

주어로 사람이 오게 되면 능동의 형태이고, 사물이 오면 수동의 형태가 됩니다.

I appreciate your question. 질문해주셔서 감사합니다.

We appreciated the comments by Dr. Brown on our recent research.
우리의 최근 연구에 관한 브라운 박사의 코멘트, 감사했습니다.

Your help is appreciated. 도움 감사드립니다.

I would appreciate it if you could take a few minutes to complete this survey.
몇 분만 시간을 내서서, 이 설문을 작성해주시면 감사하겠습니다.

Your feedback would be appreciated. 평가해주시면 감사하겠습니다.

It would be appreciated if anyone could help. 누구라도 도와준다면 고맙겠다.

🔬 보보샘 거들기

구어체에서도 많이 쓰이지만, 작문에서 특히 많이 활용되는 동사 appreciate는 조동사 would와 함께, 가정법적으로, '~해준다면, 고맙겠습니다.' 의 의미로 사용됩니다. 흔히 협조를 구하는 영문 편지 끝부분에, Your assistance would be greatly appreciated. (협조해 주시면 대단히 감사하겠습니다)라는 문장을 많이들 보셨겠지요. 특히 비즈니스 레터에서는 행위의 주체보다는 대상이 강조되는 수동태 구문을 선호하기 때문에, would be appreciated가 많이 쓰이는 것이지요.

3. Grateful

주로 사람에게서 받은 호의나, 자연, 운명, 신 등에 대해 감사한다는 느낌입니다.

Be grateful (to 사람) for 감사이유

I am grateful for your hospitality. 친절하게 대해주셔서 감사합니다.

I am grateful for everyday. 나는 매일매일에 감사한다.

She was grateful to him for taking care of all the problems. 모든 문제를 처리해준 것에 대해 그녀는 그에게 감사했다.

It would be grateful if you send me the sales report. 판매보고서를 보내주신다면, 감사하겠습니다.

〈축하카드〉

살다 보면 누군가를 축하해줄 일은 참 많은 것 같습니다. 상대방의 노력의 결과로서 얻은 값진 성과를 축하해주기 위해서는 '축하'의 의미를 담은 congratulation, congratulate가 주로 쓰이는데요. 그 쓰임새가 아주 간단하니 어렵지 않게 문장을 써보실 수 있을 겁니다.

1. Congratulations on ...

Congratulations on sth./ My congratulations to sb. on sth./Congratulations to sb. for sth.

Congratulations on your recent promotion to branch manager.
지점장으로 최근에 승진하신 것 축하드립니다.

My congratulations to you on establishing a new sales volume record last year.

작년에 새로운 판매기록을 세우신 것 축하드립니다.

Congratulations to all your staff for having accomplished the difficult task.
어려운 과업을 해내신 것에 대해 직원 여러분께 축하드립니다.

I've just heard the good news about your great performance, and congratulations and best wishes!
당신의 대단한 업적에 대한 소식 막 들었어요. 축하합니다.

* very formal! 굉장히 격식을 차린 축하멘트

On behalf of DY company, I offer you our sincere congratulations on your recent appointment as managing director.
DY사를 대표하여, 최근 관리이사로 취임하신 것을 진심으로 축하드립니다.

On behalf of father, I would like to express sincere appreciation and congratulations to Professor Kim for successfully completing the long-term academic project.
아버님을 대신하여, 김교수님께 장기 학술 프로젝트를 완수하신 것에 대해 진심어린 감사와 축하를 전하고자 합니다.

Please accept our congratulations on your promotion.
승진 축하를 받아주십시오.

2. congratulate on

would like to congratulate you on…

I would like to congratulate you on your admission to the University of Oregon.
오레곤 대학의 입학 허가를 받은 것을 축하드리고 싶습니다.

We would like to congratulate David Hwang for winning the Jazz Music Award.
재즈뮤직 어워드에서 David Hwang께서 수상한 것을 축하하고 싶습니다.

보보샘 거들기

축하를 할 때에는 좀 특이하게도 명사형인 congratulation이 쓰이며, 또 복수형인 Congratulations라고 하셔야 한다는 겁니다. 기본적으로 congratulations와 전치사 on 또는 for가 쓰이고, 뒤에 명사나 동명사가 오고, '~에게'라는 부사구를 'to sb'로 넣을 수도 있습니다.

Congratulations on your wedding.

Congratulations to you for starting a new career

소유형용사 My와 함께 My congratulations on…이라고 할 수도 있구요.

동사 congratulate가 쓰일 경우도 마찬가지로 전치사 on이나 for와 함께 쓰시면 됩니다.

〈위로카드〉

Letters of condolence, 즉 조문을 영어로 쓰는 일은 그리 흔하지는 않겠지만, 외국인 인맥이 많은 분들이라면 한 번쯤 생각해보는 것도 좋을 것 같습니다. 조문이 아니더라도, 상대방의 안 좋은 소식이 들렸을 때, 간단한 위로편지 Letters of sympathy를 통해, 마음을 전할 수도 있겠지요. 명사 condolence와 sympathy를 활용해보겠습니다.

1. condolence

Please accept my condolences on~

I wish to express my condolences on ~

We extend our condolences to ~

Please accept my most sincere condolences on the loss of Ms. Moss.
Moss양의 죽음에 대한 저의 심심한 위로를 받아주시기 바랍니다.

Please accept our heartfelt condolences and convey our deepest sympathy to his family and associates.
진심으로 애석하게 여기며, 가족분들과 동료분들에게도 저희의 깊은 애도의 뜻을 전해 주십시오.

I wish to express my sincere condolences to you for the unexpected and tragic loss of so many human lives by the typhoon 'Katrina' in the United States.
태풍 '카트리나'로 인한 갑작스럽고도 비극적인 미국 내 수많은 인명손실에 대해 여러분께 심심한 위로를 표하고자 합니다.

I extend my deepest personal condolences to those of you who have a direct connection to Virginia Tech.
버지니아 공대와 직접적인 관련이 있는 여러분께 개인적으로 심심한 위로의 말씀을 드립니다.

2. sympathy

would like to offer/express/accept/extend our sympathy to you on~
This is to tell you of my sympathy in~

We would like to offer our sympathy to Mr. Jack Brown on the recent death of his mother.
우리는 Jack Brown씨의 최근 모친상에 대한 위로를 드리고 싶습니다.

This is to tell you of my sympathy in your recent bereavement.
당신의 최근 사별소식에 위로를 드리고자 쓰는 편지입니다.

🌱 보보샘 거들기

조문의 경우는 아무래도 다른 편지들보다, 단어선택이나 표현에 있어서 조금 더 신중해야 하겠지요. 글을 길게 쓸 필요가 없기 때문에, '어떤 슬픈 소식을 들어 유감이고 (I am sorry to hear ~, I am so saddened to hear that ~, etc) 심심한 위로를 드린다 (위에 제시한 예문들)' 정도의 짧은 글이라면 무난할 것 같습니다. 물론 personal letter인 경우에는 받는 사람과의 관계에 따라 더 많은 내용을 담을 수도 있겠지요. Condolences와 sympathy와 함께 쓰인 동사는 대략 accept, express, extend, offer 등입니다.

〈초대장〉

결혼식이나, 생일파티, 기념식 등의 초대는 요즘은 전화로도 많이 할 뿐더러, 서면이라면 카드를 이용하기 때문에, 아주 간단하게 작성이 됩니다. 이미 나온 format에 날짜와 장소를 수정하면 손쉽게 완성이 될 수 있겠지요.

공식적인 초대장의 경우에는 일반적으로 R.S.V.P라는 불어에서 유래한 표현을 포함하게 됩니다. 즉 상대방에게 참석여부를 미리 알려달라는 것이지요. 아예 보내는 카드에 참석여부를 표시하게끔 되어있는 것도 있구요.

초청하기 (inviting)와 초청에 대한 답글 (accept or decline)에 쓰이는 표현들을 정리해보겠습니다.

1. inviting

Would like to invite you to~
We cordially invite you to ~
You are invited to ~

The board of directors of ABC corporation would like to cordially invite you to attend a dinner party.
ABC 기업의 이사회는 당신을 디너파티에 정중히 초대하고 싶습니다.

We cordially invite you to attend the breakfast program for our health care clients.
우리의 건강관리고객님을 위한 아침식사 프로그램에 귀하를 정중히 초대합니다.

You are warmly invited to a special exhibition of recent paintings.
최근 그림들의 특별 전시회에 당신을 애정 어린 마음으로 초대합니다.

2. accepting or declining

Be pleased (delighted, happy) to accept the invitation to~
Will be happy to attend ~
We regret that we will not be able to ~

I am pleased to accept your kind invitation to the opening ceremony of your service center. 당신의 서비스 센터의 개관식 초대를 응하게 되어 기쁩니다.

Ms. Carlson will be happy to attend the 50th anniversary festival to be held at Tokyo Dome. Carlson씨는 도쿄 돔에서 열리는 50회 기념페스티벌에 기쁘게 참석할 것입니다.

We regret that we will not be able to attend the reception due to a personal matter. 유감스럽게도 개인적인 사정으로 인해 리셉션에 참석할 수 없을 것 같습니다.

보보샘 거들기

초대할 때에는 동사 invite를 사용하는 것이 가장 보편적이겠지요. 물론 I would like you to attend ~ '~에 와줬으면 좋겠어'라고 할 수도 있습니다. Invite 앞에는 주로 cordially, warmly 와 같은 부사를 넣어서 정중하게, 진심으로 초청한다는 느낌을 전달할 수 있습니다. Invite sb to~에서 to는 to부정사로서 뒤에 동사의 원형이 올 수도 있고, 전치사로 명사가 올 수도 있습니다.

초청을 받아들일 때에는, be pleased to accept ~를, 거절하고자 할 때에는, I regret that ~을 써서 각각 기쁨과 유감을 함께 표현하시면 됩니다.

* 달인의 영어카드 엿보기

〈축하카드〉

It was with great pleasure that I read of your promotion to the position of CEO with TIA company. I am sure your firm has made a very wise choice and that you will excel in your new role as CEO.

Please accept my congratulation on your promotion and my very best wishes for your continuing success.

〈초대장〉

Pheonix's Transportation Services cordially invites you to the 20th Annual Employees Appreciation Picnic. The whole family is welcome!

12:00 pm to 8:00 pm, Saturday, June 22, 2008
South Redding Creek Park
Redding, Maryland
Food, drink, games, and entertainment will be provided.

〈초대에 응할 때〉

Mr. and Mrs. Cavin Derek are pleased to accept the kind invitation of the executive board of Bedex Corporation to attend the cocktail party to meet the new CEO, on Saturday, July 5 at Agora room of the Royal Hotel.

〈초대에 응하지 못할 때〉

I regret that I am not able to accept your kind invitation for the buffet reception on

September 4. Due to my business schedule, I will not be in New York until the end of September.

보보샘 거들기

1. 공식적인 행사 초대장입니다. 수동태로 표현해서, You are cordially invited to~라고 하셔도 좋습니다. 음식과, 음료 등이 제공된다는 표현은 동사 provide를 써서 Food, Drinks… will be provided라고 수동태로 표현하시는 것이 좋겠습니다. 제공되는 음식과 음료가 제공자보다 중요한 정보가 될테니까요.
2. 비즈니스 상황에서 공식적인 초대장에서는 주로 사람이나 기관의 이름을 직접 언급하여 'the first person' 형태로 쓰입니다. 즉 '그들이 초청을 받아들인답니다.'가 아닌 'Mr. and Mrs. Cavin Derek are pleased to accept ~와 같이 표현한다는 얘기지요.
3. 참석을 거부하는 경우에는 유감의 뜻을 함께 전달하기 위해서 I regret that ~이나 I am sorry to/for 등을 써서 거절할 수 있고, 이 때 거절할 수 밖에 없는 사유를 간단하게 적어주면 좋겠지요.

〈위로카드〉

Dear Jinny,

Rebecca and I were very sorry to hear that you were injured in a car accident. We would like to let you know how concerned we are. We are hoping that you will make a speedy recovery and will soon be out of the hospital.

Get well soon!

2. 소화하기

● 아래의 카드를 읽으면서, 밑줄친 부분의 단어를 순서대로 배열하여 문장을 완성해보세요.

Dear Sandra,

<u>your, on, congratulations, new job</u> at the Chicago Institute! I am sure that you will be an invaluable contributor at the Institute. I hope that <u>rewarding, satisfying, find, you, the, job, that, and</u>.

Good luck!

Your friend, George.

Dear Sandra,

Congratulations on your new job at the Chicago Institute! I am sure that you will be an invaluable contributor at the Institute. I hope that **you find the job rewarding and satisfying.**

Good luck!

Your friend, George.

보보샘 거들기

1. Please accept my congratulations~ 처럼 formal하게 할 수도 있고 그 외에고 다양하게 표현할 수 있으시겠지요. Congratulations on your promotion ~, I would like to congratulate you on ~
2. Congratulations on your new job ~ 외에도 Congratulations to you for starting your work ~ I'd like to congratulate you on your new job 등의 표현도 가능하겠습니다.

◉ 아래의 영어 카드를 읽으면서, 우리말 부분을 완성해보세요.

Dear Greg,

I am sorry to hear about the death of your dog, Barky. I know how much you will miss him. I will miss him jumping up to greet me when I visit you. I hope that you are doing well during this difficult time. (네가) 외롭거나 이야기할 사람 필요하면, 주저 말고 내게 전화해.
Take care of yourself.

Love,

Dear Greg,

I am sorry to hear about the death of your dog, Barky. I know how much you will miss him. I will miss him jumping up to greet me when I visit you. I hope that you are doing well during this difficult time. **If you ever feel lonely and need someone to talk to, please do not hesitate to call me**.
Take care of yourself.

Love,

◉ 짧은 연하장 문구입니다. 각각의 빈 칸 안에 thank, appreciate, grateful 중 알맞은 단어를 넣어 문장을 완성하세요.

2007년도 얼마 남지 않았습니다. 한 해 동안 도와 주시고 제게 훌륭한 조언을 해주셔서 감사합니다. 다가오는 해에도 당신과 당신 가족에게 번영과 행복이 가득하시길 빕니다.

1.

The New Year is almost upon us. I am _____ for your assistance and sincere advice during the current year. I sincerely wish you and your family much happiness and prosperity in the coming year ahead..

2.

As 2009 draws to a close, I'd like to _____ you for your help and all the advice that you have given me. They have been so helpful to me in more ways than one can imagine. May the coming year bring happiness and prosperity to you and your family.

3.

There are only a few days remaining in 2009. I _____ your assistance and great advice you have given me throughout the year. I wish you and your family happiness and prosperity in the coming year

보보샘 거들기

1. be동사 뒤이므로 형용사가 필요합니다. 'I am grateful for~'의 구문으로 '~때문에 고맙다'의 의미가 됩니다. great pieces of advice: 불가산 명사 충고(advice)는 복수가 불가능하므로, 여러 차례의 충고를 말하고자 할 경우, 단위를 pieces와 같이 복수로 처리합니다.
2. 동사가 필요합니다. 그런데, 동사 뒤에 목적어 you를 취할 수 있는 동사는 thank이지요.

thank you for ~' 의 구문.

3. 동사 appreciate는 타동사로 'I appreciate sth (to you).' 의 구문으로 쓰입니다.

1.

The New Year is almost upon us. I am **grateful** for your assistance and sincere advice during the current year. I sincerely wish you and your family much happiness and prosperity in the coming year ahead..

2.

As 2009 draws to a close, I'd like to **thank** you for your help and all the advice that you have given me. They have been so helpful to me in more ways than one can imagine. May the coming year bring happiness and prosperity to you and your family.

3.

There are only a few days remaining in 2009. I **appreciate** your assistance and great advice you have given me throughout the year. I wish you and your family happiness and prosperity in the coming year

보보샘의 소소한 영어 이야기

혹, Sympathy Card를 쓰게 될 일이 있다면…

우리말로도 조문을 위한 뭔가를 쓴다는 것이 어려운 일인데, 영어로 조문카드를 쓴다는 것은 참으로 낯선 일입니다. 단어 하나하나에 신경을 써야 하니까요. 하지만 살다 보면 영어로 조문카드를 써야 할 경우도 생길 수 있겠지요. 그럴 때를 대비해서 몇 가지 tip을 살펴보도록 하겠습니다.

* As a general rule of thumb, keep sympathy and bereavement messages relatively short. 짧게 쓴다.

* Some commonly used phrases in sympathy messages include: 주로 쓰이는 표현들을 활용하는 것이 안전!

　　　　Our thoughts and prayers are with you

　　　　"Name of deceased" will remain in our hearts forever

　　　　Our deepest sympathy ~

　　　　With deepest sympathy ~

　　　　With heartfelt condolences ~

　　　　"Name of deceased" will always be in our hearts and memories.

　　　　Please accept my condolences.

　　　　I am sorry for your loss.

* If the deceased is a person that you knew very well, it is proper etiquette to convey how much that person meant to you and how much you will miss them (ex. Aunt Jackie meant the world to me and I will miss her greatly). 고인을 잘 알고 있다

면, 얼마나 좋은 분이셨는 지 간단히 회고해주는 것이 예의!

  * If you did not know the deceased very well, keep the card short and simple. 고인을 잘 알지 못한다면, 짧고 간결하게…

  * Acknowledging the loss of the person who has died is acceptable etiquette (ex. Please accept my condolences on your loss). 고인을 잃은 유가족의 슬픔을 위로하는 건 필수!

  * Do not include phrases such as "Time will heal all wounds" or "It was his time to go." 뻔해 보이는 위로나, 상처가 될 수 있는 말은 하지 않는다.

 **Protein 6** ## Other General Writings (기타 작문)

　우리말로도 작문이라는 것이 쉽지 않을진대, 하물며 영어로 본인의 생각이나 느낌을 전달하는 자유작문을 한다는 것이 결코 만만한 일이 아닌 것은 틀림없습니다. 하나의 완성된 글이 되어야 하므로 무엇보다도 글의 흐름, 앞뒤의 전개가 자연스러워야겠지요. 우리나라 학생들의 자유작문을 받아보면, 영어표현이나 문법의 오류보다도, 이런 글의 전체적인 논리, 흐름 (coherence)의 오류가 사실 더 심각합니다. 단시간 안에 고쳐지는 것이 아니므로, 꾸준한 영작습관이 필요합니다. 또한, 남이 쓴 좋은 글을 많이 보는 것도, 본인의 영작문 실력을 향상시키는 데 큰 도움이 됩니다.

1. 섭취하기

※ 뭐든 한번 영어로 써보자!…. 근데 어떻게?

　글의 쟝르나 목적에 따라 글쓰기의 기술들이 달라질 수는 있겠지만, 기본적으로 무언가를 글로 쓴다고 할 때 지켜야 할 원칙들이 있습니다. 비단 영어로 쓸 때만 적용되는 것이 아니라, 우리말로 쓸 때에도 마찬가지이겠지요. 아무리 문법적으로 올바르고 적절한 어휘를 사용했다 해도, 이런 원칙에 어긋난다면, 좋은 결과물을 기대하기란 어려울 것입니다.

- Basic Guidelines to general writing -

1) Decide your own topic　글감을 정하자!
당연히 첫번째 임무겠지요? 무엇에 관해 쓸 것인가…

2) Organize your ideas　작문주제와 관련된 생각을 정리해보자!

방식은 상관없습니다. mindmap을 그려보는 것이므로, 종이 위에 혹은 모니터 위에, 글감을 중심으로 생각나는 아이디어를 마구마구 적어보는 거지요.

3) Write a thesis statement 주제문(Thesis statement)을 써보자!

Thesis statement (주제문)에는 글감과 그 글감에 대한 본인의 핵심의견 (포인트)이 포함되어야 합니다. 예를 들어, 우리 엄마 (My mother)가 글감이라면, "나를 너무 사랑하시는 분이다" (the person that loves me very much)라는 뽀인트가 어우러져, My mother is the person that loves me very much라는 thesis statement를 만들 수 있고, 이 주제문은 글 전체를 이끄는 하나의 leader 역할을 해야 하는 것이지요.

4) Write the body 본문을 써보자!

mindmap한 것을 바탕으로 글을 쓰기 시작!

5) Write the introduction & conclusion 서론과 결론부분을 써보자!

서론을 본론보다 먼저 쓸 수도 있습니다. 다만, 서론과 결론이 핵심을 짚기에 중요한 부분이기에, 본문을 먼저 쓴 다음에 그 본론의 논지에 맞게 서론과 결론을 이끌어 내셔야 합니다.

7) Have the cooling-off period 잠시 덮어두자!

본인이 쓴 글과 잠시라도 냉각기를 유지하는 것이 좋습니다. 잠시 덮어두고 안보는 거지요. 일주일 정도 지나, 다시 글을 들여다 볼라치면, 쓸 당시 안보였던 허점들이 많이 보이게 됩니다.

8) Revisit and revise your writing 다시 들여다보고, 고쳐보자!

'내가 왜 이렇게 썼을까?' 싶은 것들을 고쳐나가는 시간.

9) Add the finishing touches 마지막 손질!

전체적으로 다시 읽어보면서 수정이 필요할 경우, 할 수 있겠지요.

10) Make a final decision on the title 글의 제목을 결정하자!

글을 다 쓰고 난 후에 제목을 수정하게 되는 일도 다반사지요. 화룡점정! 제목을 달아줍니다.

* 영작문 달인의 자유영작 엿보기

Essay - 1

Loving Hands

Mom's hands are a storybook. They have seen hard work, hard enough to make a strong man tired. They have seen sorrow and wiped away it's tears. They have comforted and given encouragement. They give a handshake that's full of character and endurance. They have disciplined her kids and taught us right from wrong. Her hands aren't feminine, they don't feel soft to the touch-they are dry and tough, they don't get painted or decorated-they are plain and unnoticed by most. Her hands are like an old tree. They've lasted. They're rough and scarred. Mom's hands aren't what most people would call beautiful but they are beautiful to me.

Essay - 2

Laughter as medicine

After my cancer operation, I have to go through chemotherapy for six months. This treatment involves injecting medicines into my vein. Unfortunately, it might cause many side effects: diarrhea, constipation, hair loss, fatigue, sensitivity to temperature, anemia and dry eyes; you name it, and you will get it.

On the first day of treatment, my daughter and I went to the hospital with anxious minds. While the nurse was inserting a needle into my vein, she explained to us how the medicines work. Then, she looked at me with a big smile.

"You are lucky; you don't need to worry about hair loss." She was looking at my bald head. We burst into laughter.

"Take this pill with cold water; you can't drink cold water for the next six months, so remember the taste." We chuckled at her exaggeration.

After finishing treatments, all I had to do was to carry a bottle of medicine which was connected to my vein for 46 hours.

"Where do you live?" she asked me. When I answered, she suggested, "Walk home; it's good for you."

I knew I had to exercise, but to walk back to my house would take more than an hour; besides that, I might faint.

"My daughter will drive me home, and I will go golfing. We have a tournament today." I smiled at her.

"Good for you. Make sure to show the bottle, get more handicaps and win the tournament. Buy me a coffee next time with that money, will you?"

"Sure thing!" We left the hospital feeling light-hearted. Some nurses surely know how to make patients happy by joking affectionately.

2. 소화하기

● 다음의 짧은 에세이를 읽고 글의 제목을 생각해보세요.

I love the sun. I love the sun's rays, light and warmth, especially the sun's smells.

When the sun comes again after the rain, I can inhale the humid air made by the sun's heat. In a sunny garden, the scent of the grass and of plants that carry the smells of the sun waft along in the breeze. I like sunning my bedclothes if it is a nice warm, sunshiny day, then the bedclothes gain an aroma of the sun after their sunbath. I ask my son, "Can you smell the sun in your bedclothes?" He picks up a corner of his bedclothes, then bends his head close to them and breathes in deeply. He answers, "What a wonderful smell of the sun." I enjoy the smells of the sun.

Title: Smells of the Sun

◉ 다음의 짧은 에세이를 읽고 글의 제목을 생각해보세요.

To appear smarter than you are, there are several things to remember. First, memorization is the key. Most people assume that knowledge equals intelligence. Pick a topic that sounds impressive, but that few people know much about, like quantum physics, for example. Research the subject as much as possible and memorize key theories, people, dates and formulas. Have mock conversations with yourself. Ask questions you think people might ask and think about what your responses might be. For questions that you're not sure how to answer, give vague replies and try to change the subject. For instance, if someone asks you how a certain theory was tested, you might respond by saying that their excellent question reminds you of another person who studied a similar area. Once you are confident that you have memorized all the things you have chosen, try to find someone on whom to test your skills. If you run into difficulties, repeat the process until your conversation runs more smoothly and confidently. Finally, consider that if you can do all this, you may actually be as smart as you wish to appear!

Title: How to Appear Smarter Than You Are

보 보샘의 소소한 영어 이야기

Before you write well….

작문을 잘하기 위해서는 물론 많이 써보는 것이 중요하지만, 그와 함께 폭 넓은 읽기가 병행되어야 합니다. 요즘 대학 영작 수업에서는 peer review나 peer evaluation을 통해, 동료들의 작문을 읽고, 수정하고, 평가하는 과정을 거치면서, 학생들 스스로 작문에 대한 skill을 익히도록 가르치고 있습니다. 본인이 쓴 글을 보고 또 보면서 수정을 하는 것과 마찬가지로, 남이 쓴 글을 읽는 것도 작문실력 향상에 큰 도움이 된다는 것이지요.

아래의 글은, 작문관련 한 인터넷 사이트에 올라온 게시물인데, 제 생각을 그대로 옮겨 놓은 것 같아 퍼왔습니다.^^ 잘 쓰는 것은 결국 잘 읽는 것을 바탕에 두고 있답니다.

How Reading Can Help You Write

"If you want to write well… **read, read, and then read some more**. Read good writing. Read bad writing. Learn to know the difference. Note for simplicity of style: noun, verb, object; noun, verb, object. It worked for Hemingway, who often said that his ultimate goal was to create the perfect sentence. Read some Hemingway, and not just his novels, but some of his early newspaper writing. There's never been better news and feature writing, ever. When you read the works of these and other fine writers, notice the simplicity of their language and how they vary their sentence structure and length. Some sentences number two or three words; others run an entire paragraph. **There are countless tips on writing well, but I leave you with this one: read first, then write.**"

- By Bill Reed

(source : http://www.academictips.org/acad/literature/developinggoodwritingskills.html)

남이 쓴 훌륭한 글을 읽는 것도, 부족함이 있는 글을 접해보는 것도 '영작문의 달인'을 목표하는 우리들에게 밑거름으로 작용할 수 있다니, 저 보보샘도 부지런히 이것저것을 찾아 읽어봐야겠다는 다짐을 새롭게 하게 되는군요. ^^

부록

Further Sentences

Frame 1 There is something about Mary. 메리에겐 뭔가 특별한 것이 있다.

"Musthave" example sentences

- **There is** no doubt about it.
- **There are** various types of people in the world.
- **There was** a princess whose name was Pearl.
- **There were** no warning signs at all.
- **There will be** many people at his birthday party.
- **There has been** a drastic change of plans.
- **There used to be** a theater in this area.
- **There must be** another blanket in my house.
- Once upon a time, **there lived** a little girl whose name was Margaret.
- **There** still **remains** some minor problems in quality.
- **There seems to be** a lack of candid communication about the group 3 and 4..
- **There appear to be** a lot of people who want to quit.

"Authentic" example sentences

- Iron Man is a different breed of superhero movie······ Over the years, **there have been** only a handful of exceptional superhero movies, and Iron Man is among them.
- The speed of growth of the US convenient care clinic sector has astounded the most optimistic experts······ It is expected **there could be** up to 6,000 convenient care clinics throughout the USA by 2012 while a decade ago this sector did not even exist.

Frame 2 Feel so good. 느낌이 아주 좋아요!

"Musthave" example sentences

- The stew **smells** a little **spicy**.
- Tom **sounded** very **ill** on the phone.
- Love **tastes** so **bitter** to me.
- Do you **feel** any **better** now?
- My father **became thin** after the surgery.
- You have the right to **remain silent**.
- Regular stretching **appears effective** for the chronical backaches.
- I **turn red** whenever I speak to someone.

"Authentic" example sentences

- There are a few instances where we choose not to translate a certain phrase either because it **sounds awkward** in German or simply because there is no adequate translation.
- Some hospitals **remain overwhelmed** with the new surge in patients, although the Ministry of Health (MoH) has sent additional medical workers and equipments.

Frame 3　I want to know… 난 알고 싶어요…

"Musthave" example sentences

- I **hope to meet** all of you at the party.
- They **decided to buy** a new copy machine.
- The city **has planned to build** another amusement park.
- He **refused to join** our project team.

"Authentic" example sentences

- Nutrition experts are beginning to worry that America's war on obesity might be lost because, for many people, it costs too much ? in time and in money. "The rich can **afford to be** thin in America, and the poor can't," says Barry Popkin, a nutrition professor at the school of public health at the University of North Carolina-Chapel Hill.
- Unicef **aims to build** on success in fund-raising. The U.S. Fund raised an estimated $442 million in contributions in its last fiscal year, well over the figure for the previous year.

Frame 4 Keep smiling, Keep shining! 항상 밝게 웃으세요!

"Musthave" example sentences

- He **enjoys cooking** for his daughter every weekend.
- Saudi Arabia **is considering sending** troops to Iraq.
- You can **quit smoking** without using a nicotine replacement.
- I **finished building** my website yesterday.

"Authentic" example sentences

- Chinese officials have **admitted deceiving** the public over another highlight of the Olympic opening ceremony: the picture-perfect schoolgirl who sang as the Chinese flag entered the stadium was performing to another girl's voice.
- The Coast Guard **will delay opening** the Canal Street-Algiers Ferry until further notice, as lightning has delayed additional oil cleanup that needed to be done near the east bank ferry landing.

Frame 5 (It is) Hard to say I am sorry 미안하다고 말하는 건 어려워요.

"Musthave" example sentences

It is necessary to upgrade your computer.

Is it possible to create something completely new?

It is important to follow the directions closely.

Will it be difficult to remove my personal information?

"Authentic" example sentences

- **It's impossible to sneeze** with your eyes open, so when you drive a car, is it against the law to sneeze?

- **It is inappropriate to ask** the large portion of the American public who have strong objections to abortion to fund this procedure through their taxes. In addition, it is in the best interests of neither mothers nor babies to advocate abortion as a method of family planning, particularly when safer, less invasive and less distressing methods are readily available.

Frame 6 It is said that love is blind. 사랑은 눈이 멀게 한다고들 말한다.

"Musthave" example sentences

- **It is certain that** Dr. Gibson will give the keynote address.
- **It is likely that** additional observation will be needed.
- **It seems that** everyone is not satisfied with the result.
- **It is said that** minority voice should also be respected.

"Authentic" example sentences

- **It was proven that** green tea is as effective in treating acne as a 4% benzoyl peroxide solution. Though the study has not been corroborated yet, it demonstrated that there is another herbal treatment besides tea tree oil.
- **It is highly probable that** the questioned letter was written by Kyle Huff, Tarver concluded of the handwriting analysis. He later noted: "Further examination of known extended writing, such as notes or letters, might yield more definitive findings in this case."

Frame 7 I want you to want me. 네가 날 원하기를 바래.

"Musthave" example sentences

- Do you **expect him to come** back today?
- He **persuaded me to vote** for the first nominee.
- They **caused him to lose** his money.
- This new system will **enable us to log** in automatically.

"Authentic" example sentences

- Our partnerships and alliances **enable us to provide** our customers with a comprehensive product and a comprehensive global service. Our goal is to reduce the effort required by our customer to successfully implement new product and processes, by laying out product integration and service integration options in advance with our partners.
- We **advise you to reconsider** your need to travel to Indonesia, including Bali, at this time due to the very high threat of terrorist attack.

Frame 8 Let my people go 내 사람들을 풀어주시오.

"Musthave" example sentences

- I **had my daughter clean** the room.
- You **make me feel** like dancing.
- I **heard them saying** bad things about me.
- Did you **see Jonathan walk** off?

"Authentic" example sentences

- The Week of Action is part of our Chorley Smile campaign and our promise to work with you to keep your neighbourhood clean and tackle environmental crime. If we want to continue to keep our neighbourhoods clean and tidy, we all have to play our part and I hope these initiatives **will make people realise** how they can make a difference and help to make Chorley Smile.
- I **watched him disappear** into the depths and then reappear about two minutes later, swimming smoothly upward next to a guide rope. But about 20 feet from the surface, he suddenly veered away from the rope and appeared to struggle upward with his arms flailing.

Frame 9 How to know if someone likes you 누군가 당신을 좋아하는 지 아닌 지 알아내는 법!

"Musthave" example sentences

- I **wonder if** we are allowed to take pictures in here.
- I **am not sure if** I am doing the right thing.
- They want to **know if** the president will attend the meeting or not.
- I don't **know if** Hillary still lives here.

"Authentic" example sentences

- Have you ever **wondered if** different web site design would earn you a few extra bucks from Google AdSense? Well, now you can try out different designs and the Google Website Optimizer™ will let you know which ones result in more clicks on ads.
- Corps doesn't actually **know whether** Minnehaha Falls' walls are historic. Last month, the U.S. Army Corps of Engineers issued a terse press release saying "historic" walls lining Minnehaha Creek below the famous Minnehaha Falls were in "imminent" danger of collapse and repairs must be undertaken "sooner rather than later."?

Frame 10 I've been lonely for so long. 난 오랫동안 외로웠어요.

"Musthave" example sentences

- We **have been married** for ten years.
- I **have been watching** the baby for many hours.
- **It's been** a long time since I saw you last.
- I **have been waiting** for a girl like you.

"Authentic" example sentences

- Newman, her colleague Jeff Hoffman, her students and a local design firm, Trotti and Associates, **have been working** on the project for about seven years.
- Vitamin C **has been known** to cure over 30 major diseases for over 50 years. If so, why haven't you heard more about it? Why haven't more doctors used Vitamin C as medicine?

Frame 11 We are happy to serve you. 당신을 모시게 되어 행복해요!

"Musthave" example sentences

- **I was happy to receive** your message.
- **I am honored to be** a member of the committee.
- **They were so happy to meet** the famous singer.
- **I am so sad to hear** that my aunt passed away.

"Authentic" example sentences

- **We are delighted to announce** that Club Health 2008 will be held in the Balearic Island of Ibiza, one of the world's leading international nightlife destinations. This exciting event will bring together experts from around the world to exchange information on the latest research, policy and practice on protecting and promoting health in nightlife settings.
- **We are proud to welcome** you to the inaugural edition of the Africa Policy Journal, published by students at the Kennedy School of Government, Harvard.

Frame 12 I am glad (that) there is you. 당신이 있어서 기쁩니다.

"Musthave" example sentences

- **We are glad that** you are interested in our products.
- **We are sorry that** they are not accepting any more applications.
- He said **he was sorry that** he had been rude.
- **I am frustrated that** everyone around me has his own car.

"Authentic" example sentences

- **I am delighted that** we were able to find a compromise and I'd like to thank the ministers for their willingness to solve tricky issues," said Mariann Fischer Boel, Commissioner for Agriculture and Rural Development.
- We **are honored that** the Indo-German Chamber of Commerce selected Bajaj Allianz for its valuable contribution to the rapidly developing Indian insurance market. This success would not have been possible without the dedication of our staff and the strong partnership we share with Bajaj.

Frame 13 I wish I had a wife. 나에게도 아내가 있으면 좋겠다.

"Musthave" example sentences

- **I wish you were** here in Seoul.
- **I wish I were** somebody else entirely.
- **I wish I had never started** smoking to begin with.
- **I wish someone had given** me some tips before the presentation.

"Authentic" example sentences

- One square says: "**I wish my dad could** see me grow up." Another: "You can't choose what you go through, only how you go through it." Others include poems or other tributes to parents, siblings or other loved ones who have died. A giant collage of grief.
- Secrets of book publishing **I wish I had known** – Following up on these overviews of the book industry, I thought I'd share some lessons I learned from publishing Bit Litercy. I originally tried to go through mainstream publishers but eventually self-published it, because of what I learned in the process. **I wish I had known** everything below before I wrote my book.

Frame 14 I should have known better. 내가 더 잘 알았어야 되는 건데…

"Musthave" example sentences

- You **should have read** the book before class.
- If you had followed the instructions, we **wouldn't have had** all these problems.
- The tragedy **wouldn't have happened** without the trivial error.
- We **would have had** a great time if the weather had been fine.

"Authentic" example sentences

- Are there a lot of other things the campaign **could have done** differently? Of course. We **should have taken** on Mr. Obama more directly and much earlier, and we needed a different kind of operation to win caucuses and to retain the support of superdelegates. From more aggressively courting young people earlier to mobilizing the full power of women, there are things that **could have been done** differently.
- It **might have been** that if Carter had taken certain steps earlier, inflation would be lower, the economy would be stronger and the President would be more popular. Hindsight, of course, is one of the few cheap things in this inflationary age. But it has value as a guide to those who do not wish to be condemned to repeat the past. In short, Carter may learn from previous mistakes ?his own and those of others.

Frame 15 It only takes a minute to change your life 인생을 변화시키는데 단 일분이면 족하다.

"Musthave" example sentences

- **It takes me about an hour to get** to work.
- **It took me all night to do** the homework.
- **It takes forever to download** music to my computer.
- **How long does it take to receive** my products?

"Authentic" example sentences

- How long will it take to process my net banking payment? **It will take approximately two hours for a net banking prepayment to be credited** to your AdWords account. Please contact AdWords support if payment hasn't been credited after one day.

- President Bush held a press conference today in the Rose Garden of the White House after giving remarks about the upcoming G-8 conference. He was asked what he realistically expected to accomplish at the G-8 in order to deal with, among other things, soaring oil prices. Besides advocating that we increase drilling here at home, Bush offered this less than reassuring answer: "**It took us a while to get** into the energy situation we're in, **it's gonna take us a while to get** out of it."

Frame 16 How deep is your love? 당신의 사랑의 깊이는?

"Musthave" example sentences

- **How long** do I have to wait?
- **How much time** did we spend with Lora?
- **How far** does the apple fall from the tree?
- **How short** do you want to cut your hair?

"Authentic" example sentences

- **How many countries** belong to the United Nations? 192 countries are UN members. The exceptions are Taiwan (in 1971, the UN ousted Taiwan and replaced it with the People's Republic of China) and Vatican City. Kosovo is not yet a member. The newest UN members are Switzerland (2002) and Montenegro (2006).
- **How often** you should tune your piano depends on its condition, the environment in which it is located, and the musical demands of the owner. A piano used mainly as a furniture piece probably won't need to be tuned more than once a year. A piano that is played regularly and is in good condition would be better off with 2 tunings per year, each time the seasonal humidity changes.

Frame 17 I get so jealous that I can't even work. 난 너무 질투가 나서 일도 못하겠어.

"Musthave" example sentences

- The music is **so loud that** it's giving us a headache.
- It is **such a crowded place that** we cannot find her.
- He gave me his number **so that I could** contact him.
- She wore sunglasses and a hat **so that no one would** recognize her.

"Authentic" example sentences

- Prescription drugs are a category of drugs used to treat various health complications······ Abuse of prescription drugs is common, especially among young adults. ······ Prescription drug abuse can be a very dangerous habit. In fact, this habit is **so dangerous that** treatment for drug abuse is offered at many drug treatment centers and is often a necessary step toward recovery.
- How to save documents **so that you can sort** them chronologically: When you save a file, always use a file name that is composed like this: YEAR-MONTH-DAY-NAMEANDDESCRIPTION.extension If you do this, you can always sort your files chronologically in file browsers like Windows Explorer or Nautilus by clicking on the name field.

Frame 18 As long as you love me 당신이 나를 사랑하기만 한다면야…

"Musthave" example sentences

- **As long as the weather is fine**, we will play football on the playground.
- I'll stay with you for **as long as you need me**.
- **As soon as he arrives**, I will tell him everything.
- **As far as mathematics is concerned**, Jeremy is second to none.

"Authentic" example sentences

- "We shall not leave Afghanistan **as long as we are needed** by the Afghan people," Mr. Ban told a high-level international meeting convened in Bucharest, Romania, as part of the summit of the North Atlantic Treaty Organization (NATO).
- As far as the laws of mathematics refer to reality, they are not certain; and **as far as they are certain**, they do not refer to reality. (Albert Einstein)

Frame 19 Every time I close my eyes… 눈을 감을 때마다…

"Musthave" example sentences

- **Every time I see him** at work in the morning, he is in a black suit.
- **Every time you go away**, you never say good-bye.
- Our service will always be ready for you whenever, **wherever, and however you need it**.
- **Whenever you are** in the mood for spaghetti, don't hesitate to visit Spaghetto

"Authentic" example sentences

- There is no safety rule more important than making sure you wear a helmet **every time you ride a bike.** It is the one important action you can take to protect yourself in a crash. Most important, children should wear a helmet **every time they go for a ride** -- even in the neighborhood.
- **Whenever you strike a party**, one of the biggest problems is to make sure the music is always rocking, that nobody is looking around for the right disk in complete silence and that the good vibes are always in the air.

Frame 20 Life is not always fair. 인생이 항상 공평한 것은 아니다.

"Musthave" example sentences

- Life **does not always reflect** our ideals.
- **It's not always easy** to decide which one is better.
- This **doesn't necessarily mean** that everyone should be warned.
- The current education program **cannot completely solve** our children's problems.

"Authentic" example sentences

- Wealth **does not always predict** health. Children from wealthier, better-educated families **are not necessarily healthier** than their poorer contemporaries, according to a European study.
- A key Microsoft executive disclosed this week that the coming Service Pack 1 for Visual Studio 2005 **may not be totally compatible** with Windows Vista -- though it remains unclear what his statements mean.

Frame 21 It must have been love! 사랑이었음에 틀림없어!

"Musthave" example sentences

- There **must be a better way** to evaluate candidates.
- Something **must have happened** to him.
- She **can't be** such a bad liar.
- This search engine **couldn't have missed** the important data.

"Authentic" example sentences

- There **must be fundamental** change to social care funding, warns charity...... The primary purpose of the review of social care eligibility criteria **must be** to tackle these issues, and to develop a system that properly supports both younger disabled people and older people to get the care they need to live independent lives.
- You **must have heard** about the various advantages of VoIP which is basically a method of calling through internet. This is the shortest form of Voice over Internet protocol.

Frame 22 I'd rather… 전 차라리….

"Musthave" example sentences

- **I'd rather not talk** about her any longer.
- **I'd rather look** sexy than clever.
- **Would you rather walk** or take a taxi?
- Whitney Houston **would rather be alone** than unhappy.

"Authentic" example sentences

- A recent opinion poll conducted by Harvard University's Kennedy School of Government found that 77 percent of Israeli Arabs **would rather live** in Israel than in any other country in the world.
- Employees **would rather quit than live** with change. - A survey of 1,000 people for HR consultants The Rialto Consultancy has found that Britons are far from happy about changes at work, with nearly three-quarters saying that they would seriously consider looking for a new job if their company changed location.

Frame 23 I don't know how to love him. 그를 어떻게 사랑해야 할 지 모르겠어요.

"Musthave" example sentences

- Does anyone know **what to do** next?
- Please tell him in detail **how to play** the game.
- Why didn't you ask me **when to start** the meeting?
- Could you please tell me **which way to go**?

"Authentic" example sentences

- Figuring out **how to lose** weight is a challenge for many of us, particularly considering that the quickest path to weight loss is different for everyone. Of course, the common denominator is always proper diet and exercise, which not only aid in weight loss, but also keep a body healthy.
- Formal dress codes are history, but workplace fashion still matters more than you think. Here's **how to find** the right fit, no matter what you do or where you work.

Frame 24 Too young to die? 죽기엔 너무 어린가요?

"Musthave" example sentences

- I am **too tired to talk** after work.
- His statement was **too complicated to be interpreted**.
- It's **too soon to say** goodbye.
- He spoke **too fast for me to understand** his idea.

"Authentic" example sentences

- This page features reviews of Internet business opportunities that seem **too good to be true**. We can't say that any of these are frauds, but they look like enterprises that require careful scrutiny with a skeptical eye.
- Mustard plants are providing **too hot to handle** for some crop pests, and are providing an innovative bio-control for fruit and vegetable farmers...... Researchers, growers, and industry specialists from 22 countries will share the latest research into the use of brassica species ? such as mustard, radish, or rapesees ? to manage soil-borne pests and weeds.

Frame 25 Nothing is worth more than this day. 오늘보다 값진 것은 아무것도 없다.

"Musthave" example sentences

- **Nothing is more precious than** life.
- **No one knows more** about the contract **than** Mr. Kimbell.
- **Nobody knows** a child **better than** the parents.
- There is **no other way than** just telling your partner.

"Authentic" example sentences

- **No one** understands **more than** someone who has been there… 'Lean on Me' - Cancer through a Carer's Eyes; a book written by Lorraine Kember is a true account of her emotional journey as she cares for her dying husband?and?improves?the 'quality' of his life. Uniquely combining both the physical and emotional impact of caring for a loved one with cancer, this inspirational book is a 'must read' for anyone whose life has been touched by cancer of any kind.
- North Korea realized there is **no other way than** Nuclear disarmament and peace - North Korea is slowly getting indication from the Chinese that it has to destroy its nuclear arsenal and work for peace. The six-nation coalition is ready to reward the North Koreans heavily for that.

Frame 26 A change would do you good. 한 번 바꿔보는 것도 당신에게 좋을 거에요!

"Musthave" example sentences

- Who will **do the dishes** and **the laundry** today?
- Below are some **do's and don'ts** that will help you understand.
- **All you need to do** is complete this form.
- It will **do you good** to take a couple of days off.

"Authentic" example sentences

- World Wildlife Fund is offering the opportunity to protect some of the world's most beloved animals this winter, while providing gift-givers with the chance to **do** all of their holiday **shopping** in one easy step.
- Hello, you are currently visiting the Department of Energy's e-center. The e-center is the Department of Energy's web site for information on **doing business with** the Department of Energy, including viewing current business opportunities, registering to submit proposals, and obtaining information and guidance on the acquisition and financial assistance award process.

Frame 27 I have a dream! 나에겐 꿈이 있어요!

"Musthave" example sentences

- My father **has a good command of English**.
- How often do you **have your hair cut**?
- My gramdma **has a green thumb**.
- I **have no acquaintance with** his sister.

"Authentic" example sentences

- Life is not fair and health is not better. People who are ill are often accused of causing their own illness ? this is unreasonable. Ill people have most often **had bad luck**.......There is nothing mysterious or magic in all of this. Illness that occurs because of bad luck occurs through ordinary cause-effect mechanisms. The cause can be infections, cell changes, artery blockage or accidents. The problem is that we do not control these cause relations.
- Placebos **have** greater **effect on** children than adults.- The medical community has known for ages that placebos (or sugar pills) can often **have** as much **effect on** a patient as actual medications. But up until the 1990s, relatively few studies had been done to investigate how the placebo effect works.

Frame 28   Take it easy! 서두르지 마!

"Musthave" example sentences

- They **took it for granted that** we were married.
- Should I **take medicine** to get rid of pimples?
- Why don't we **take turns** driving to Seoul?
- We should **take every suggestion into consideration**.

"Authentic" example sentences

- Louisville is hosting its sixth annual WorldFest on Friday and Saturday of Labor Day weekend. The free festival, 11 a.m. to 11 p.m. Aug. 29 and 30, will **take place** on the city's Belvedere at Fifth and Main streets.
- Companies in Asia should **take action** while HIV/AIDS prevalence is below 1% or risk having the disease erode their businesses, according to a World Economic Forum survey released on Friday, Reuters AlertNet reports (Reuters AlertNet, 9/9).

Frame 29 Let's get together now 이제 우리 함께 나누어요!

"Musthave" example sentences

- Please **get back to me** as soon as possible.
- You should learn how to **get along with** people.
- They **got lost** in the desert and starved to death.
- I need to **get over** my fear of speaking in front of other people.

"Authentic" example sentences

- The United Nations and international humanitarian organizations fear the crisis may **get worse** before its gets better. "Even temporarily depriving children of the nutrients they need to grow and thrive can leave permanent scars in terms of their physical growth and intellectual potential," warns Andrew Thorne-Lyman, a nutritionist at the Rome-based World Food Programme (WFP).
- Will things **get better** with time? - As you get to know and trust your dentist, hygienist and other members of the practice you will find your fears begin to lessen. In time you will gain control over your fears, and dental care can become a normal part of your life.

Frame 30　Make a wish! 소원을 비세요!

"Musthave" example sentences

- The problem is you **make the same mistakes** again.
- Don't **make any noise** if you want to surprise her.
- I **make it a rule to take** a walk after dinner.
- Can you **make it** to the seminar?

"Authentic" example sentences

- Cell phone bans **make no difference** to Teen Drivers. - Laws restricting cell phone use while driving appear to be for anyone else but teenagers although they were specially intended for them, a new report by an insurance industry group revealed. According to governmental estimates, auto crashes are the leading cause of death for teenagers, who are involved in three times as many fatal accidents as all other drivers.
- In the event that you cannot **make a reservation** for the day you specified, since all rooms in that hotel are fully booked, please search for another hotel and **make a reservation** again. We will contact you straight after conducting a room availability check. (If you book during the off-duty period of the previous day, **make sure** to receive the reservation confirmation from this website before going to the hotel.)